The Birth of Video Game Music

ナムコはいかにして世界を変えたのか

——ゲーム音楽の誕生

CONTENTS

目次

まえがき

本書は、日本におけるゲーム音楽の誕生から、ゲーム音楽の市場および文化の確立に至るまでの過程を、ナムコ（現：バンダイナムコエンターテインメント）歴代のビデオゲーム作品、主にアーケードゲームの音楽にフォーカスしたうえで、当事者の証言を聞き取りつつまとめたものである。

ビデオゲームにおいて、音楽は喜怒哀楽などのシーンを演出するためには必要不可欠な存在だ。例えば、シューティングゲームで戦闘機が発進するシーンで勇ましいＢＧＭを流せば、プレイヤーのテンションは否が応でも高まり、敵軍の強力なボスキャラクターが出現したときにＢＧＭのテンポが急激にアップすれば、プレイヤーの恐怖感をさらに煽る効果をもたらす。このように、ゲームと音楽は切っても切れない関係にあることは、もはや論を待たないであろう。

ゲーム音楽のアルバムをはじめ、楽譜集やプログラムリストを載せた本の販売、あるいはコンサートやライブなど、ゲーム音楽だけの独自市場が20世紀の段階で形成された国は、世界広しと言えども日本だけである。またゲーム音楽は、テレビやラジオのバラエティ番組のアイキャッチ、あるいはジングルとしてもしばしば利用されており、ゲームを趣味としない人にとっても、実は前世紀からとても身近な存在である。

だが、今となっては信じられないことだが、初期の時代のビデオゲームにはゲーム音楽が存在しなかった。

詳しくは本編で触れるが、黎明期のゲームから流れる音は、映像などに使用する電子信号を利用して作られた、ごくごく簡単な爆発音やヒット音しかなく、およそ「音楽」と呼べるようなものではなかった。そもそも、黎明期のゲームメーカーには音楽の専業家が存在せず、中には「音楽はいらない」とすら考えていた開発者もいた。なので、当初はゲームの演出として音楽を利用すること自体が、業界内の常識でも文化でもなかったのだ。

では、いったいどのようにしてゲーム音楽が誕生し、やがて世界に類を見ない、日本独自のゲーム音楽市場が形成されるに至ったのか?

今までほとんど顧みられることがなかった、ゲーム音楽誕生から今日まで至る過程の歴史を紐解くにあたり、絶対に避けて通れないのが、ナムコの黎明期の作品である。

なぜなら同社は、多くのメーカーがオーケストラやポピュラーソングをもじった曲をBGMとして流していた時代にあって、ビデオゲーム市場に参入した当初から社内のスタッフが手掛けたオリジナル曲にこだわり、数多くの名曲を世に送り出し続けた稀有なメーカーだからだ。

海外でも大ヒットした『パックマン』をはじめ、『ギャラクシアン』『ニューラリーX』『ゼビウス』『マッピー』など、1980年前後からゲームに親しんでいた人であれば誰もが知っているであろう、これらのタイトルはいずれもナムコ製だ。どのタイトルもゲーム自体の面白さに加え、SE（効果音）も含めた音楽のクオリティもズバ抜けて高く、ひいては音楽の素晴らしさが、ゲームの面白さが増す要因にもなっていたのだ。

今聴いても思わずテンションが上がってしまうほど素晴らしい、これらの作品のゲーム音楽はいつ、どのようにして生まれたのだろうか？

今ではごく当たり前に存在する、ゲーム専門のコンポーザーはどのような経緯で誕生し、制作ノウハウを確立していったのか？

さらに、日本初の本格的なゲーム音楽アルバムで、『ゼビウス』などナムコ作品の曲を収録した『ビデオ・ゲーム・ミュージック』がなぜ発売され、後にゲーム音楽市場が形成されるに至ったのか？　昔のゲームや原曲を知らない読者にも楽しんでいただけるよう、筆者の出来得る限りではあるが、極力配慮したうえで執筆した。

おりしもアメリカでは、グラミー賞で任天堂のアクションゲーム『星のカービィ スーパーデラックス』のアレンジ曲が「Best Arrangement, Instrumental or A Cappella」を受賞し、２０２３年の第65回からは「Best Score Soundtrack For Video Games And Other Interactive Media」のカテゴリーが新たに追加さることが決定した。またアメリカ議会図書館では、同国で将来にわたり保存すべきとされる録音資料として『スーパーマリオブラザーズ』のテーマ曲が、ゲームの音楽として初めて登録された。

海外でもゲーム音楽が存在感を高めるなか、本書をきっかけに一人でも多くの方にゲーム音楽の歴史の一端を知っていただくとともに、読者の日々のゲームライフが充実するための一助となれば幸いだ。

なお本書では、固有名詞の表記など、どうしても使用が避けられない場合以外は、すべて「ゲーム・ミュージック」ではなく「ゲーム音楽」と記述している。

（文中敬称略）

第1章

「ゲーム音楽」前史

音楽が存在しなかった、黎明期のビデオゲーム

ゲーム音楽とビデオゲームの誕生日は、実は「イコール」ではない。なぜなら黎明期のゲーム業界には、SEも含めた作曲を生業とするコンポーザーが存在しなかったからだ。

世界初のアーケード（商業用）ゲームは、アメリカのナッチング・アソシエイツが1971年に発売した『コンピュータースペース』である。本作は、4個のボタンを使用してロケットを操作し、敵の宇宙船をミサイルで撃墜して何点獲得できるかを競う、1人プレイ専用の極めてシンプルなシューティングゲームだ。

本作には音楽がまったく存在せず、スピーカーから流れてくるのはロケットや敵の移動音を表現した「ピー」あるいは「ゴー」などと聞こえるSEと、ミサイルが命中またはロケットと敵が衝突したときの爆発音ぐらいしかなかった。本作の基板には、音を出すための専用ハード、いわゆるサウンドチップ（音源）は搭載されていなかったが、これらのSEを鳴らすための専用回路をわざわざ基板上に組み込んだうえでSEを鳴らし

『コンピュータースペース』（2015年開催「遊ぶ！ゲーム展」会場にて筆者撮影）

ていたことは、後のゲーム音楽の発展につながる第一歩となったように思う。

本作は「ビデオゲームの父」とも称されるノーラン・ブッシュネルと、ブッシュネルの会社の同僚であったテッド・ダブニーが、仕事外の時間を利用して開発した。本作を発売した翌年、ブッシュネルとダブニーは退社してアタリを創業すると、今度は2人のプレイヤーがパドルを操作して、スカッシュの要領でボールを打ち合う対戦ゲーム『ポン』をアラン・アルコーンとともに開発した。

『コンピュータースペース』は、UI（ユーザーインターフェース）が難解だったこともあり人気は出なかったが、『ポン』はボリュームコントローラー1個だけでパドルを操作するわかりやすさと、2人で対戦プレイができる面白さも相まって大ヒットとなった。つまり、史上初のビジネスとして成功を収めたのが本作であり、アタリが急成長するきっかけにもつながった歴史に残る作品である。

だが、本作も『コンピュータースペース』と同様にBGMはなく、ボールをパドルで打ったときの「プッ」と聞こえる音と、ボールが壁に当たったときの「ブッ」というやや濁った音、得点が入ったときに鳴る「ブー」と聞こえる音の3種類のSEしかなかった。後にアルコーンは、プレイステーション4用ソフト『ATARI50 THE ANNIVERSARY CELEBRATION』

に収録されたインタビューで当時の様子を証言している。以下、アルコーンの証言を元に、ブッシュネルとダブニーとのやり取りを抜粋する。

「かなり良いゲームに仕上がったところでノーランが言ったんです。『なあ、音はどうするんだ？』と。音だって？　もう予算オーバーなのにどうすればいい？」（アルコーン）

「大観衆の喚声がいいな」（ブッシュネル）

「ブーイングとヤジがいいな。ゲームはもう出来上がっているし、じゃあ今すぐ作ってみようか」（ダブニー）

「一日中、あれやこれや作業したなあ。映像の同期信号から音が取り出せるとわかったので、555タイマーでゲートアウトしたんです。何年も経ってから『この音はよくできている。ピッタリだね！』なんて言われたのは嬉しかったかって？　冗談でしょ。ボスの指示とは裏腹に、ただ入れただけって感じです。これが『ポン』の誕生なんです」（アルコーン）

（※筆者がインタビューの字幕を元に、誤字・文字化けがあった箇所などを一部修正。なお555タイマーとは、発振回路やタイマーなどに使用されるタイマーICの一種である555を指す）

つまり、本作はコスト面の観点から既存の回路を用いて音を出すという急場しのぎで作り上げたものだったのだ。

そもそも、ブッシュネルはユタ大学で電子工学を専攻し、ダブニーもジョン・A・オコーナー高校の技術科出身で、アルコーンはカリフォルニア大学バークレー校で電気工学とコンピューター科学を学んだ技術畑の人間である。音楽を専門とする開発スタッフが誰もいなかった以上、仮に音源を追加できる予算があったとしても、自分たちで曲を作る発想が浮かばなかったのは致し方ないだろう。

とはいえ『コンピュータースペース』の爆発音や、『ポン』のボールを打ったときなどのSE自体は、プレイヤーに快感をもたらす効果は十分にあり、もし両タイトルにSEが存在しなかったら、ゲームの面白さは少なからず削がれていたのは間違いない。

一方、日本のメーカーが黎明期に発売したビデオゲームの音楽はどうだったのかと言えば、こちらも本家アメリカと同様に、自由に音程を変えて音を鳴らせる音源も回路も存在せず、本来は映像を出すために使用される、コンデンサーなどの電子部品が発する低い周波数（ノイズ）などを

アタリの最初のヒット作となった『ポン』(※2015年開催「遊ぶ!ゲーム展」会場にて撮影)

利用して、プレイヤーに得点の獲得やミスを知らせるブザー音や『コンピュータースペース』のように専用回路を組み込んで爆発音のようなSEを出していた。

実は、老舗メーカーのタイトーが1973年に発売した、同社のアーケード用ビデオゲーム第1号作品の『エレポン』、および同年に登場したセガの第1号作品の『ポントロン』は、その名のとおりいずれも『ポン』を真似て作ったものであり、当然ながらオリジナルのゲーム音楽は存在しなかった。

初期の時代に登場したビデオゲームの中で、音楽面での演出面でも特に注目すべきタイトルは、タイトーが1978年に発売し、全国各地のゲームセンターや喫茶店で大ブームを巻き起こしたシューティングゲーム『スペースインベーダー』になるだろう。

本作は、レバーでビーム砲（自機）を左右に操作し、ボタンを押すと発射するビームで敵のインベーダーやUFOを倒していくシューティングゲーム（※初期型はレバーではなく、左右2個のボタンでビーム砲を操作する仕組みだった）で、コンピューターが制御する敵のキャラクターがただ動くだけでなく、弾を撃って攻撃を仕掛けてくるアイデアが当時

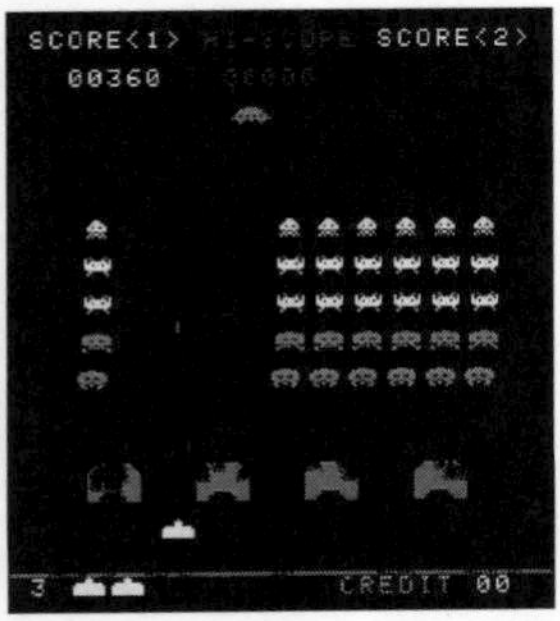

『スペースインベーダー』
（※写真はイーグレットツーmini版）

としては斬新だった。

本作にはBGMこそなかったが、敵が1歩動くたびに「ドッ、ドッ、ドッ、ドッ……」とSEが繰り返し鳴り続け、プレイ中は敵の移動音が1つの曲のように聞こえる特徴があった。敵の数が少なくなると、敵の移動スピードとともにSEが徐々にテンポアップし、スリル感を演出する秀逸なアイデアも盛り込んでいた。また、敵のUFOが出現したときは高音（UFOの飛行音）が流れ、UFOの破壊に成功するとボーナス得点が加算されると同時に特別なSEが鳴り、プレイヤーに快感をもたらす演出も実に見事であった。

あくまで筆者の私見になるが、本作から流れる音は、レースやシューティングゲームでマイカー、あるいはマイキャラが移動中に鳴る移動音、つまりSEの連続再生とみなすのが妥当のように思われる。だが、本作のサウンド制作を堪能した亀井道行は、敵の移動音は映画『ジョーズ』のテーマを意識して作ったと証言しており、単なるにぎやかしの領域にはとどまらないものであり、これらのSE自体はプレイヤーをワクワクさせる素晴らしいアイデアであった。

なお『スペースインベーダー』は、国産のアーケードゲームでは初となる、TI（テキサス・インスツルメンツ）製のSN76477音源を搭載（※UFO飛行音に使用）していた点でも注目に値する。先にも述べたように、当時の業界内では基板に音源チップを載せる発想自体が常識ではなかったからだ。本作は爆発的な人気を博しただけでなく、ゲームのSEの観点でも歴史に残る作品であることは、深く記憶にとどめておきたいところだ。

SEの連続が、1曲のBGMのように機能するタイトルは、実は『スペースインベーダー』が元祖ではない。ゲーム音楽研究の第一人者である田中〝hally〟治久は、その効果が明確に出ている先例として、1976年にミッドウェイが発売したアーケードゲーム『アメイジングメイズ』があったと指摘する。

本作は2人対戦プレイができる固定画面方式の迷路脱出ゲームで、主人公にあたるキャラクターをレバーで操作して、どちらが先に迷路を脱出するかを競うゲームで、主人公キャラが動いている間は「ピコ、ピコ……」と単音が鳴り、静止すると止まる仕組みになっていた。

国産タイトルで、『スペースインベーダー』と同様にSEの連続がBGMとして機能していた最も古い例のひとつが、1979年に任天堂が発売した『シェリフ』である。本作は、主人公のシェリフ（保安官）を操作して、敵のギャングをガンで撃って倒していくアクションゲームで、プレイ中は「ブッ、ブッ、ブッ……」と敵が動くたびに単音が繰り返し流れるようになっていた。

本作でも『スペースインベーダー』と同様に、敵の数が少なくなるにつれて徐々にテンポアップし、さらに曲調も微妙に変化してプレイヤーのスリル感を煽る、面白いアイデアが導入されていた。ゲームスタート時には「ウィリアム・テル」、ヒロインを救出するシーンには「ウェディングマーチ」の一節をもじったジングルが流れる、ユニークなアイデアを導入していたのも本作の大きな特徴だ。また、敵のコンドルが出現すると「コンドルは飛んでいく」の一節と思しきジングルが流れるが、これも『スペースインベーダー』のUFOと同様、あくまでコンドルが出現中の一時的な演出であった。

現在では想像もつかないことだが、かつてはアーケードゲームがソフト、ハードの両面で業界の最先端であった。にもかかわらず、当初は独自の音楽を作って流す発想や技術、文化も存在しなかったのだ。

こと音源の導入については、家庭用のゲーム機、および「マイコン」と呼ばれた時代の家庭用PCでも、1980年頃まではアーケードよりも先行していた。1977年にアタリが発売して、全米で大ヒットした家庭用ゲーム機、Atari VCSには史上初のゲーム用カスタム音源チップ（※厳密には映像処理も併用）のTIA（Television Interface Adaptor）がすでに搭載されていた。ただし、こ

1980年当時のゲームセンター
©アミューズメント通信社
新聞「ゲームマシン」1980年9月1日号8面

の音源は「音痴すぎて音楽なんて作れたもんじゃなかった」と元アクティビジョンのガリー・キッチンは証言している。また１９７９年にバンダイが発売したスーパービジョン８０００には、ＰＳＧ（※Programmable Sound Generatorの略。日本でも80年代にアーケード、家庭用を問わず、数多くのゲームに使用された「ピコピコ音」の代名詞とも言える音源）が組み込まれた。同年に発売されたAtari 400/800には、ＴＩＡからサウンド機能を独立させ、さらに機能を強化したPOKEY（Potentiometer and Keyboard Integrated Circuit）が搭載された。

だが、プログラマーが１人だけでゲームを作ることが当たり前の時代にあって、音楽までオリジナルにこだわったうえで開発するビジネス習慣も文化も、１９８０年前後の段階では、本家アメリカでもまだ誕生していなかった。

ＳＥからジングル、ＢＧＭへと進化

やがて時代が進むと、ゲームスタートやゲームオーバー時、あるいは前述した『シェリフ』のように特定の場面に限り、簡単なジングルを流すタイトルが出始めた。もっとも、その多くは『シェリフ』と同様にオリジナル曲ではなく、発売当時のポピュラーソングやアニメのヒット曲をもじったものや、有名クラシック曲のフレーズをそのまま利用したタイトルが非常に多かった。

田中によると、ジングルが流れる最古の部類に入るタイトルが、１９７５年にアタリが発売したアーケードゲーム『ステイプルチェイス』である。本作は、プレイヤーは主人公にあたる馬を操作して、障害物をジャンプで飛び越えながらゴールまでの順位を競うアクションゲームで、最大で6人まで同時プレイが可能。本作は競馬をモチーフにしたゲームということもあり、ゲームスタート時のジングルに「草競馬」の一節を使用している。

同じく、１９７５年にミッドウェイが発売した『ガンファイト』にも、面白いジングルのアイデアが導入されている。本作は、ガンマンを操作して制限時間内にどちらが多く相手を倒せたかを競う、西部劇をモチーフにした2人対戦プレイ方式のアクションゲームで、ガンマンに弾丸が命中するたびにショパンの通称「葬送行進曲」の一節が流れた。

ちなみに本作は、タイトーが発売した『ウェスタンガン』のライセンスを受ける形でミッドウェイが開発したもので、元祖『ウェスタンガン』には「葬送行進曲」のジングルは存在しなかった。つまり、このジングルはミッドウェイの開発スタッフによるアイデアである。「葬送行進曲」をジングルに使用したタイトルとしては、1978年にエクシディが、日本ではタイトーが発売した『サーカス』がある。本作は、シーソーを左右に操作してピエロを放り上げ、上空を飛ぶ風船を割ると得点になるアクションゲームで、ピエロを受け損ねてミスをすると「葬送行進曲」のジングルが流れた。さらに本作には、ゲーム開始時、および同じ色の風船をすべて割りボーナス得点を獲得したときにプレイヤーを祝福するジングルが流れる、当時としては画期的なアイデアが導入されていた。

なお「葬送行進曲」は、1981年にエポック社が発売した家庭用ゲーム機、カセットビジョン用アクションゲーム『きこりの与作』でもミスしたときのジングルに使用され、テレビCMでも流れたことで有名になった。

また『サーカス』のジングルは、同じく1978年にアルファレコードが発売したYMOのアルバム『イエロー・マジック・オーケストラ』の収録曲「Computer Game "Theme From The Circus"」の曲中で、シンセサイザーで再現したものが使われている。本曲の「葬送行進曲」のフレーズは、フジテレビが放送していた『クイズ・ドレミファドン!』などテレビのクイズ、バラエティ番組にも使用されたことで世間の耳目を引くこととなった。

だが一般的には、このジングルはあくまで「ＹＭＯのレコードの曲」として認知されており、元ネタがゲームであったことは余程のゲームファン以外には知られていなかった。ちなみに本アルバムには、『スペースインベーダー』のＳＥを模倣した「Theme From The Invader」も収録されている。

史上空前の「インベーダーブーム」が終演を迎えた、１９７９年以降に登場した人気ゲームのジングル、あるいはＢＧＭも、ポピュラーソングやクラシック曲を利用したものが非常に多かった。その実例を、以下にざっと挙げてみる。

・ベートーベンの「交響曲第9番」、キングスレイの「ポップコーン」：『ペンゴ』（セガ／１９８１年）
・「てんとう虫のサンバ」：『レディバグ』（ユニバーサル／１９８１年）
・ビゼーの「カルメン」：『ルート16』（サン電子／１９８１年）
・ロッシーニの「ウィリアム・テル序曲」：『THE END（ジ・エンド）』（レジャック／１９８１年）
・「鉄腕アトム主題歌」：『Mr.Do!』（ユニバーサル／１９８２年）
・ミーチャムの「アメリカンパトロール」ほか：『カンガルー』（サン電子／１９８２年）
・モーツァルトの「トルコ行進曲」ほか：『アラビアン』（サン電子／１９８３年）

・「犬のおまわりさん」「アルプス一万尺」「あらいぐまラスカル」「花の子ルンルン」ほか：『フロッガー』（コナミ／1981年）

特にバリエーション豊かなジングルを用意していたのが、1981年に日本物産が発売した、主人公を2本のレバーで操作してビルをよじ登り、ゴール地点となる屋上を目指す、奇抜なアーケード用アクションゲーム『クレイジークライマー』だ。本作は『コロコロコミック』の連載で、後にアニメ化もされた漫画『ゲームセンターあらし』にも度々登場したことで、当時の子供たちの間でも非常に有名になった。

本作では、ゲーム開始時のジングルにマンシーニの「子象の行進」の一節を使用し、敵の「しらけコンドル」が出現中には「しらけ鳥音頭」、コングが出現中は「ピンクパンサーのテーマ」が流れ、取るとワープする効果がある風船が出現するとパッヘルベルの「3つのバイオリンと通奏低音のためのカノンとジーク」が流れ、風船をキャッチすると「ドラえもんのうた」が流れた。

本作は全4ステージで、各ステージクリア時のジングルがすべて異なる、非常に凝った演出も特徴で、2面クリア時のジングルに使用されたのはスコット・

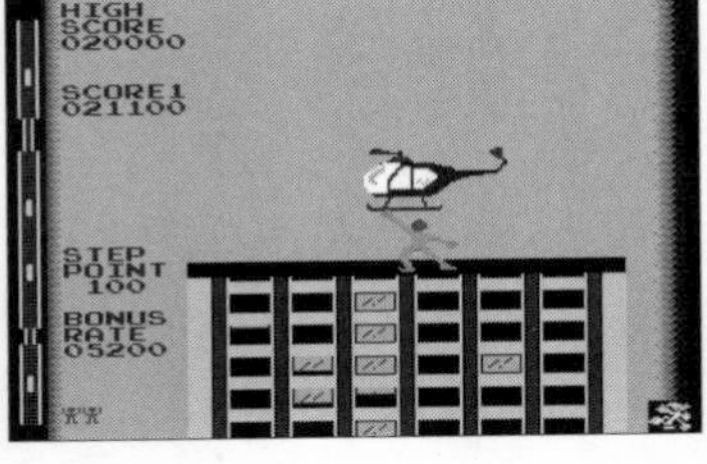

『クレイジークライマー』（※写真はNintendo Switch版）

ジョブリンの「ジ・エンターテイナー」である。しかも、これらのジングルの大半は、メロディだけの1チャンネルで鳴らすのが当たり前の時代にあって、リズムパーカッションも交えた2チャンネルで演奏されていたのも非常に珍しかった。

ほかにも、主人公の頭上に落下物が当たると「イテッ！」と叫んだり、やられたときに「アレー！」というユニークなセリフが流れたりするなど、当時としては非常に珍しかった音声合成（ボイス）を導入し、耳でもプレイヤーを楽しませる要素がふんだんに盛り込まれていた点でも本作は特筆に値する。

「敵を倒したり、ステージをクリアしたりしたときにジングルが流れる、一種の『ファンファーレ文化』から発展した結果として、後にゲーム音楽が生まれたのではないか」というのが田中の見解だ。

オリジナルBGMを導入した最初期の作品
『バルーンボンバー』『スナーフ』

インゲーム、すなわちプレイ中にずっとオリジナルのBGMが流れ続けるアイデアが生まれたのはいつ頃だったのか？

その先駆けとなる作品のひとつが、１９８０年にタイトーが発売したアーケードゲーム『バルーンボンバー』である。本作は、空中を左右に動く、爆弾をぶら下げたバルーンを撃ち落とすシューティングゲームで、プレイ中は単音で、譜面に起こせば8小節程度のごくごくシンプルなＢＧＭが流れ続け、さらにバルーンの数が少なくなるとテンポアップする演出も盛り込まれていた。

本作のＢＧＭは、一部の好事家の間では「童謡か何かのパロディでは？」とも言われていたようだが、開発を担当した今村善雄はＷｅｂニュースサイト、4Gamerのインタビューでオリジナル曲であると証言している。『スペースインベーダー』に比べると知名度が劣る感は否めないが、本作はゲーム音楽の観点から見れば間違いなく歴史に残る作品である。

黎明期のゲーム業界には、入社前に音楽を専門に勉強した、作曲の仕事に専念するスタッフを雇う習慣がそもそもなかった。よって、たまたま趣味を通じて音楽の造詣を深めたプログラマーなどの開発スタッフがいなければオリジナル曲は作りようがなく、既存の楽譜を見るか、

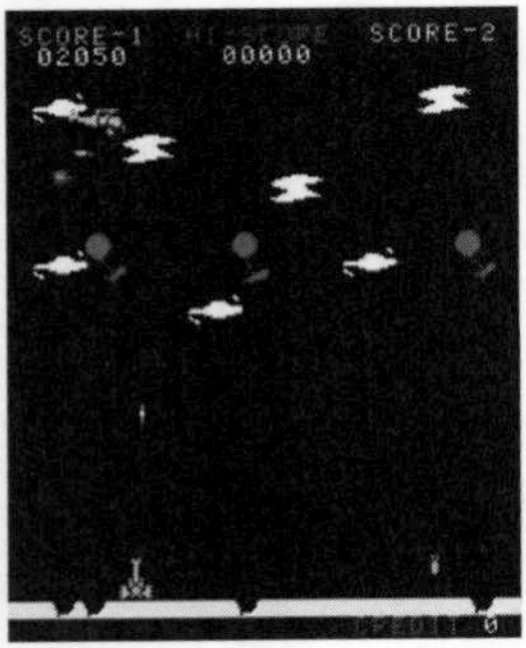

『バルーンボンバー』（※写真はプレイステーション2用ソフト『タイトーメモリーズ下巻』版）

いわゆる耳コピーをしたうえで、プログラムや回路を作るしか曲を流す方法がなかったと言える。ましてや当時は、最先端の技術が導入されたアーケードゲームでも、わずか数人のスタッフで作るのが普通だったのだからなおさらだ。

前述した『スペースインベーダー』と『バルーンボンバー』に関しては、優れたSEやジングルが作れたのは、元々音楽に素養があった開発スタッフがいたことが大きな要因であろう。両タイトルの開発を手掛けた西角友宏はギター演奏が趣味で、少年時代には地元の大阪、岸和田の有名な「だんじり祭り」で笛を吹いていた経験があり音感にも優れていた。当時の西角の席にはギターが置いてあったので、音の制作を今村や『スペースインベーダー』のSE制作を担当した亀井に、「こんな音で」などとギターを軽く弾いてイメージを伝えることができていたのだ。

ちなみに、『スペースインベーダー』の敵の歩行音は、亀井が、1977年にタイトーが発売したアーケード用レースゲーム『スーパースピードレース』のファンファーレの音程を出す回路と同じ仕組みで作ったことを、同じく4Gamerのインタビューで証言している。これらのタイトーのエピソードに限らず、当時のゲームの作り方は属人的であり、過去に作った音を鳴らす回路を新作タイトルにそのまま流用するケースも往々にしてあった。

ここまで例示したタイトルは『きこりの与作』を除き、すべてアーケードゲームである。では、家庭用ゲームでBGMが導入されたのはいつ頃になるのだろうか?

世界初の家庭用ゲーム機は、1972年にアメリカのマグナボックスが発売したオデッセイである。本機は、ゲームカードを差し替えることで『テーブルテニス』『サブマリン』『スキー』など12タイトルを遊ぶことができたが、CPUもなければ音楽専用の回路もなく、プレイ中は音声が一切流れなかった。また、国産の家庭用ゲーム機の第1号で、1975年にエポック社が発売した『テレビテニス』も、前述の『ポン』と同様に2人でパドルを操作してボールを打ち合うテニスゲームであり、ボールを打ったときなどにSEは流れるもののBGMは存在しかなかった。

家庭用ゲーム機において、明確にインゲームミュージックが流れる最初期のタイトルのひとつに、1979年にバンダイが発売したスーパービジョン8000用ソフトの『パクパクバード』がある。本作は主人公の鳥を操作して、画面上を飛び回る虫を食べると得点になるアクションゲームで、プレイ中は童謡「こぎつね」をモチーフにしたメロディが流れた。

海外では、1981年にマテルが発売したインテレビジョン用ソフト『スナーフ』(※日本では1982年に本体、ソフトともにバンダイが発売）にも、条件付きだがBGMが流れる演出がある。本作は移動するごとに体が伸びるキャラクターを操作し、相手キャラクターを囲い込んで逃げ場をなくしていく、「スネークゲーム」などとも呼ばれる、最大4人まで同時に対戦できる陣取りアクションゲームである。

ゲームスタート時は『スペースインベーダー』などと同様にキャラクターの移動音しか鳴らないが、やがて2人のプレイヤーが脱落して1対1の状態になると、数小節程度の短さではあるが2チャンネルを使用した、見事なハーモニーを奏でるBGMが流れた。3チャンネル同時に鳴らせるPSGの特長を生かし、単なるSEではなく曲が流れていることをプレイヤーに認知させた稀有な例であり、BGMを用いて、最後はどちらが勝者になるのか、スリリングな場面を演出するのも非常に優れたアイデアである。

田中は「プレイ中にBGMが流れるスタイルは、日本が定着させた文化ではないか。『スナーフ』以降、インテレビジョンではBGMを付けることが習慣化したが、それは北米において例外的な事例だった」と指摘するが、本格的にBGMが導入される時代以前の『パクパクバード』と『スナーフ』の比較からも、その文化の違いは窺えよう。また国内メーカーでも、プレイ中に音を鳴りっ放しにするのは「違和感がある」という理由で、久しく音楽を導入しない方針だった所も中にはあったという。

「インベーダーブーム」が終息した1980年前後は、業界内でもゲーム中に鳴らす音と言えば単純なSEを指す時代から、やがてプレイヤーが音楽としても楽しめるジングルが流れる時代へと移行し、さらに既存の曲の流用からオリジナル曲へと変わる、まさに過渡期であったのだ。

第2章

伝説のメーカー、ナムコの参入

参入当初から、歴史に残る傑作を次々とリリース

ゲーム音楽の存在が世に知られるどころか、まだ音楽作品と明確に呼べるものがなかった時代にあって、ビデオゲーム市場に参入した当初からオリジナル曲にこだわるメーカーがあった。そのメーカーとは、ナムコ(※現:バンダイナムコエンターテインメント)である。

ナムコは、1955年に中村雅哉が創業した有限会社中村製作所を前身とする会社で、最初の事業は横浜市内にあった百貨店、松屋の屋上に設置した2台の電動式木馬の運営であった。同社は1978年に発売したアーケードゲーム『ジービー』を皮切りにビデオゲーム市場に参入すると、翌79年にはシューティングゲーム『ギャラクシアン』を、80年にはアクションゲーム『パックマン』などの傑作を次々と世に送り出し、海外でも大人気を博した。

その後も同社は、プレイ中にオリジナルのBGMが流れ続けるアクションゲーム『ラリーX』や『ニューラリーX』をいち早く開発し、多くのプレイヤーに衝撃を与えた。ほかにも、元YMOの細野晴臣が監修、アレンジ曲を手掛けたアルバムが発売されたことでも

有名なシューティングゲーム『ゼビウス』のほか、巨匠すぎやまこういちも一目を置いたアクションゲーム『マッピー』など、ゲームファンだけにとどまらず、プロの音楽家からも高い評価を受けたBGMが流れる傑作を、ナムコは続々と発売した。

またナムコでは、ビデオゲーム市場に参入して間もない時期から、同業他社に先駆けて音色を自由に作って鳴らすことができる、オリジナルのハード（カスタムＩＣ）を次々と開発していたことも特筆に値する。つまり同社は、優秀なコンポーザーによる作曲（ソフト）と技術開発（ハード）の両面で、黎明期から業界のトップランナーだったのである。

なぜ、ナムコは最初からオリジナルにこだわったのか？　ある元ナムコ開発部のＯＢによると、創業者の中村がキャラクターも含めて既製品を使用せず、オリジナルを作りたいというこだわりが元々強かったからだという。事実、１９８３年に発行された史上初のゲーム専門誌『アミューズメントライフ』の創刊号に掲載された記事「わが、アミューズメント人生」で、中村は「ただ単に、ありきたりの音を出すことはしないで、楽曲としても値打ちのあるものを作って、とっつきやすいように気を使っています」などと発言している。同じく某ＯＢによると、中村は一時期、開発部のオフィスにあった、シンセサイザーなどの機材が置かれた音楽室の様子を見に、しばしば社長室を出て足を運んでいたそうだ。

1981年からTBSラジオが放送を開始した、深夜番組「ラジオはアメリカン」のスポンサーとなったナムコは、番組中で自社タイトルのジングルやBGMを繰り返し使用したことでも、ゲーム音楽ファンの拡大に大きく貢献していた。放送が始まった当時は、まだゲーム音楽アルバムが誕生する前の時代であり、自宅でアーケードゲームの音楽を聴けること自体が極めて珍しかったこともあり、「ラジアメ」はファンにとっては貴重な存在であった。

かようにナムコは、今日まで続くゲーム音楽の歴史において、非常に大きな役割を果たしているのである。よって、ゲーム音楽の歴史を顧みるのであれば、ナムコ作品は絶対に避けて通れないことは明々白々だ。以下、本章では初期のナムコゲーム音楽の歴史を、当事者の証言を交えて可能な限り掘り下げていく。

第1号タイトルの
サウンド制作者はエンジニア

1978年に発売されたナムコのビデオゲーム第1号タイトル『ジービー』は、1個のボリュームコントローラーで2つのパドルを左右に動かしてボールを打ち、バンパーやブロックにボールが当たると得点となる、ピンボールとブロック崩しの要素をミックスさせたアクションゲームである。本作は『ポン』などと同様にBGMが存在せず、ボールがパドルやブロックに当たったときの音など、全8種類のSE（※コインを入れたときに流れる、いわゆるクレジット音も含む）が用意されていた。基板には音源が搭載されておらず、複数の音を同時に鳴らすことができなかった。

『ジービー』を開発したのは、後に大ヒット作『パックマン』を作ることになる、石村繁一と岩谷徹の2人で、石村がプログラムとハード設計を、岩谷が企画を担当し、SEはすべて石村が作り上げた。ゲーム雑誌『シューティングゲームサイド Vol.8』に掲載された石村の証言によると、当時はサウンド専用の回路を基板に載せるほどのぜいたくはできなかったため、本来は映像を動かすために用いる信号を拾い上げ、それを増幅させるための回路を組み込む形で本作のSEを作った。

翌1979年に発売された、『ジービー』の改良型にあたる『ボムビー』は、同時発音数が2チャンネルになった。同じく『シューティングゲームサイド Vol.8』の記事で、石村は「固定的な音だけだと面白くないので、多少は周波数を選べるようにしたんでしょうね」と証言している。『ジービー』の画面は白黒であったが、『ボムビー』はカラーになったことで回路がより高度になり、その結果として音の選択肢も増えたものと思われる。

『ボムビー』で特筆すべきは、2チャンネル同時に鳴らせる機能を利用して、コインを入れたときに流れるジングル、いわゆるクレジット音や、大型のバンパーにボールがヒットしたときのSEなどを、複数の音を組み合わせて作っていたことである。和音が鳴るアーケードゲームとしては、おそらく本作が最古の部類に入るのではないかと思われる。『ジービー』で流れる音はすべて単音だったのに、デビュー2作目にして早くも複数の音を鳴らし、しかも音高も操る技術をナムコは導入していた。筆者は本作を発売直後にプレイする機会はなかったが、当時のプレイヤーたちはコインを入れた瞬間、今までにレコードやテレビ、ラジオでもまったく聴いたことがない不思議な音が流れる本作の演出には、さぞかしびっくりさせられたことだろう。

石村は同志社大学電子工学科の出身で、『スペースインベーダー』などのビデオゲームにも使用されていた、当時はまだ国内では珍しかったCPU（※インテル製の8080）に触れた経験を持っていた。

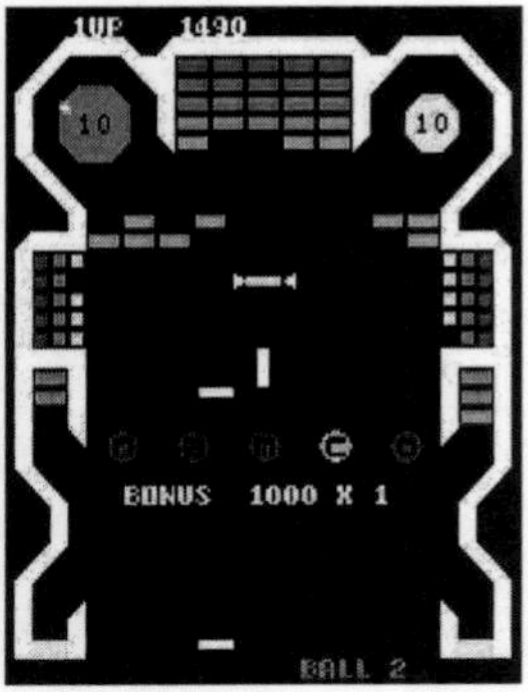

『ボムビー』
（※写真はプレイステーション用ソフト
『ナムコミュージアムVOL.2』版

石村が4年生のときに所属していたゼミでは、8080を使って音響の分析をしていたからである。実は、石村がナムコに入社した動機のひとつが、当時の『リクルートブック』のナムコの求人情報欄に掲載されていた写真に、少しだけ写っていた基板がどんなものかを知りたいと思ったことであった（※その正体は石村の入社後、間もなくアタリのアーケードゲーム『スペースレース』と判明する）。

このようなSEの作り方をしていた背景には、当時のアメリカの大手ゲームメーカー、アタリが関係している。かつて、ナムコはアタリの日本法人であるアタリジャパンの日本代理店として、同社のアーケードゲームの輸入販売をしており、基板の回路設計図も一緒にもらっていた（※アタリの日本代理店をしていた当時の社名は中村製作所で、ナムコに社名が変わったのは1977年）。

1974年、ナムコはアタリジャパンを買収した。買収直後は膨大な数の不良品があったため、開発職のメンバーがしばらくの間、アタリ製の基板や筐体の修理を担当したことで、ビデオゲームの仕組みを勉強することができた。事実、石村はナムコ初期のビデオゲームの基板設計はアタリから学び、同社をリスペクトしたうえで真似をしながら設計していたと、前述のインタビューなどで証言している。

余談になるが、1984年発行の書籍『超発想集団ナムコ』によると、石村は1976年に入社して間もないタイミングで、これからはコンピューター（CPU）の時代になることを見越して「ゲーム機械とマイクロコンピューター」と題した建白書を上司に提出した。その結果、まだ一般家庭どころか、オフィスにもコンピューターがあまり普及していなかった時代にあって、ビデオゲーム開発の実験用としてNECのPDA-80、カシオのタイピューター600型ASR、その他の実験用機器類の購入を実現させた。当時のナムコは5000円以上の案件は社長決裁だったが、その額をはるかに上回る、約200万円もの経費が掛かる一大プロジェクトの承認を得た、石村の先見の明と行動力には改めて驚かされる。

もし石村が建白書を出していなければ、ナムコどころか世界のビデオゲームの歴史は、きっと大きく違ったものになっていただろう。石村は、自社製ビデオゲームの作曲第1号であるとともに「ナムコビデオゲームの父」と言っても過言ではない人物なのである。

メロディを奏でる画期的なシステムを導入した『ギャラクシアン』

ナムコ初期のタイトルで、ゲーム音楽史上においても重要なもののひとつが、1979年に発売されたシューティングゲームの傑作『ギャラクシアン』である。

本作の企画、開発を担当した澤野和則は、中村から「ポスト・インベーダーとなるゲームを作れ」との厳命を受け、当初はかなりのプレッシャーがあったという。まさに「インベーダーブーム」の終焉直後に登場した本作は、背景に星々が輝く宇宙空間を舞台に、滑らかな曲線を動いて飛び交う敵のエイリアンと戦う迫力と面白さで、プレイヤーを瞬く間に魅了して大ヒットとなった。

本作には、インゲームミュージックこそなかったが(※「ワオンワオン……」と聞こえる敵のエイリアンの揺動音は存在する)、ノイズを利用した単音や爆発音だけでなく、SEごとに音程変化のプログラムを組み込んだのが画期的だった。当時の最新技術によって生み出された本作のクレジット音と、ゲームスタート時に流れるジングルは、人間が楽器で演奏するのはおよそ不可能であろう、コンピューターだからこそ実現可能な超ハイテンポかつ独創的なメロディで、一度聴いたら容易に忘れない強烈なインパクトがあった。

本作のエイリアンが、滑らかな曲線を描きながら移動して攻撃を仕掛けてく

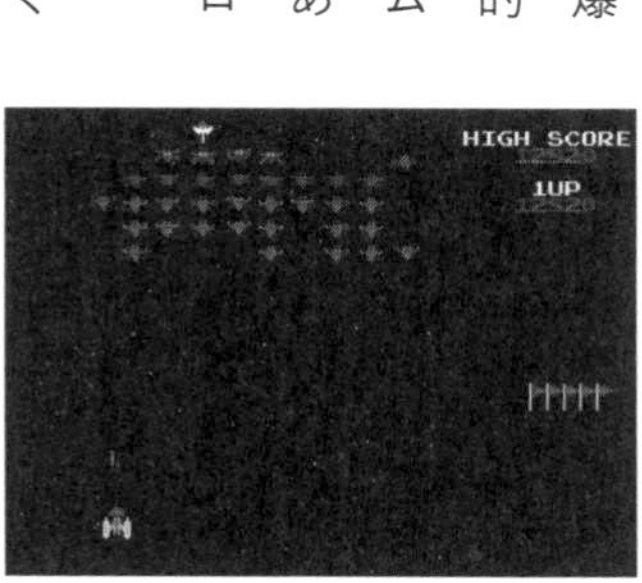

『ギャラクシアン』
(※プレイステーション版
『ナムコミュージアムVOL.3』より)

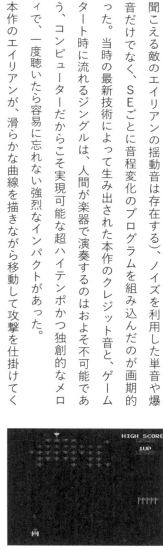

るのも、当時としては衝撃的な演出だった。エイリアンが移動中に流れる「ヒュ－ン……」という甲高い移動音は、日常生活ではまず聴く機会がない独創的かつ美しい音色を奏で、プレイヤーに対してスリル感を大いに煽るそのインパクトは絶大で、『スペースインベーダー』のように単音を繰り返し流す演出から、さらにクオリティが進化したことを明確に伝えるものであった。なお本作には、敵の数が少なくなると揺動音のテンポが徐々に速くなる演出も盛り込まれている。

本作のスタート時のジングルとショットの命中音を作ったのは、企画職の契約社員として中途入社した安江正樹で、それ以外の音は石村が作った。当時の最先端の技術を投入した本作だが、前述の『シューティングゲームサイド』の記事によると、当時は音声も映像もデジタルに一本化できなかった時代であったため、音の出し方もアナログとデジタルがまだ混在しており、敵の揺動音はアナログの複数音で作り、発射音や爆発音のSEは、それぞれ別のアナログ回路を使用して鳴らしていた。

澤野によると、安江はシカゴ大学の出身で、趣味でシンセサイザーをいじってはいたものの、音楽もコンピューターも専門外であり、文化人類学を学びたくて日本に戻って来た、いわゆる帰国子女であった。安江は短期間でナムコを退職したため、ジングルの作曲を担当したのは『ギャラクシアン』が唯一無二の作品となってしまったが、ゲーム音楽史上に残る功績を残した人物であることは間違いない。

では、ゲームスタート時に「ジングルを入れよう」と思い付いたのはいったい誰なのか？澤野によれば「『誰』ということはない。音に限らず、画面に表示する文字なども含め、みんなで仕様を固めながらどんどん決めていった」という。驚くことに、当時は企画書、あるいは仕様書に「この場面では、こういうイメージの音を出す」といったような、具体的にどんな音を用意するのかを書かずにゲームを開発していたのだ。

「音が無いよりもあったほうがいいとは思ったが、自分はそもそも音楽に関心がなかったので、企画書に音の仕様とかを書くわけがない。多分、安江君のほうから『やらせてほしい』と言ってきたので、私からは『じゃあ作っておいて。あとは好きにやってちょうだい』と言って任せていたと思う」と、澤野は開発当時の状況を振り返る。

音のイメージについても、安江や石村のセンスに専ら任されていた。「もし私のほうから注文を付けてしまうと、その分だけ時間が掛かってしようがないし、だったら今ある物だけ使って、音を作るのは全部任せたほうがいいだろうと。まだあの頃は、音作りの指示書みたいなものは『何でそんなものが必要なんだ？』という時代で、どんな音が必要なのかは、担当者が企画書を見ればわかるはずで、もしそれがわからないようであれば仕事にならないでしょう?」と澤野は言う。

澤野は、さらに続けて「企画の仕事は、このゲームはどんなゲームなのかを、いかに簡単に、制作者に対してきちんと伝えるかが重要。私は企画書の書面がやたら多くなるのはおかしいと思っていたし、制作者たちが自分たちで考えて作れるようなことは、わざわざ企画書に書くことはしなかった」と筆者の取材に対し、当時の企画職の作り方についても懇切丁寧に説明してくれた。

本作のジングルやSEは、安江が試作したものを澤野が聴いてイメージに合うかどうかをチェックし、オーケーが出るまで修正を繰り返す形で完成させていった。なお、澤野が当初から脳内で描いていた本作の世界観は「いかにもっともらしく宇宙戦争を演出するか」だった。「ゲームは音に限らず、もっともらしさがすごく大事。もちろん、効果音もとても大事で、本物である必要はないが、それを追求するためにゲームのハードはずっと進化を続けているわけだから」と澤野が言うように、ビデオゲーム発展の歴史は、コンピューターの性能や技術の発展と切っても切れない関係にあるが、ゲーム音楽もけっしてその例外ではないのである。

本作の爆発音は、背景の星々を描くために使用する乱数発生回路のノイズを利用して石村が作ったものだ。サウンドを制作するための機材が充実した現在ではおよそ考えらない、独創的なアイデアを用いていたことも、本作の特筆すべきところだろう。また本作では、コインを投入したときに流れるクレジット音も非常に凝っており、プレイヤー目線で見れば1秒にも満たないジングルでありながら、自宅のステレオやテレビ、学校でも聴いたことがない不思議な音色を奏でることによって、瞬時に非日常の宇宙空間へといざなう効果があったように思われる。

曲やSEをたくさん用意することで、ROMやICなどの部品の数が増え、コストが上昇する問題は生じなかったのだろうか？　これも澤野によれば「はっきりとは覚えていないが、基板の中にさえ組み込めてしまえば大したコストにはならないから、安江君とは『入れられるものであれば入れちゃえ！』みたいな話をしていた気がする」という。最終的に、本作の部品点数は『ジービー』の約2倍も使用したため高価な基板になったが、それでも売れに売れた。

なお、誤解のないように追記しておくが、澤野が作曲を安江らに任せっ放しにしたのは、澤野が仕事を放棄したわけでも、音の重要性を認識していなかったわけでもない。事実、2019年に立命館大学で開催された「『ギャラクシアン』→『ギャラガ』→『ギャプラス』

展」のインタビューで、澤野は以下のように証言している。

「効果音は重要です。『ギャラクシアン』の『キューン』という旋回して降りてくるときの音、弾を撃ったときの発射音、命中音などは極めて重要です。当時は、よく戦争映画がテレビで放映されていました。ゼロ戦のパイロットが敵を迎撃するシーンがすごくかっこよかった。そのイメージで作られています。実際はそんな音は出ないから嘘なんだけれども『もっともらしい』ということで作られました」

こうして出来上がった本作のジングルとSEはプレイヤーはもちろん、同業他社も大いに驚かせたのである。

音楽にも傑出したアイデアを盛り込んだ『パックマン』

全世界のゲーム史上において、おそらく未来永劫、傑作中の傑作として語り継がれるであろう、ナムコを代表するタイトルのひとつが『パックマン』である。

本作は、大きな口が特徴の主人公パックマンを操作して、4匹のモンスター（ゴースト）

の追撃をかわしながら、画面内のドット（クッキー）をすべて食べるとステージクリアとなるアクションゲームである。モンスターのコミカルなデザインと緻密に計算された行動パターン、そしてパックマンがパワーエサ（パワークッキー）を食べると、逆に一定時間内はパックマンがモンスターに噛み付くことができる攻守逆転の面白さは、当時多くのプレイヤーを魅了した。

『パックマン』は海外でも大ヒットとなり、アメリカではハンナ・バーベラが制作したテレビアニメが放送されるほどの人気を博し、ナムコに膨大なロイヤリティ収入をもたらした。これほどまでに本作の人気が爆発したのは、前述したような優れたゲームシステムのおかげであることは、もはや改めて語るまでもないだろう。

　本作はゲーム音楽の観点からも、歴史に残る極めて重要な作品である。本作で流れるジングルは、ゲームスタートと「コーヒーブレイク」の2種類がある。「コーヒーブレイク」とは、一定のステージをクリアするごとに簡単なアニメーションやジングルを流してプレイヤーの目を楽しませつつ、束の間の休息を与える演出のことで、主に1980年前後に登場したアーケードゲームにしばしば導入されていた。本作

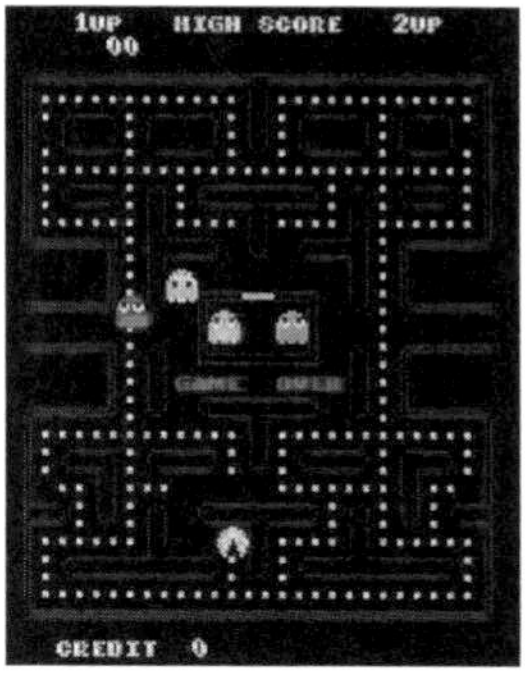

『パックマン』
（※プレイステーション版
『ナムコミュージアムVOL.1』より）

では2面クリア後に、以後4面クリアするごとに「コーヒーブレイク」（※電波新聞社刊『オールアバウト・ナムコ』における本曲の名称は「マンガ・ミュージック」）のジングルが流れる仕組みであった。

数ある「コーヒーブレイク」の中でも、とりわけ『パックマン』のそれはノリの良いジングルと、まるでテレビアニメを見ているかのような、パックマンとモンスターたちが可愛らしい寸劇を披露するビジュアルとが見事に融合した演出で、プレイヤーを大いに楽しませた。同時に、ゲームの音楽はSEだけで事足りるとすら思われていたゲーム業界全体にも、「これからは曲も作らなくては！」と悟らせるほどの強烈なインパクトを与えた。

本作の2曲のジングルを作曲したのは、デザイン課の課長であった甲斐敏夫である。甲斐は多摩美大のID（工業デザイン）科の出身で、ナムコ在職中は1973年に発売されたレースゲーム『フォーミュラX』をはじめ、主にエレメカゲームのキャビネット（筐体）のデザインを手掛け、会社のロゴデザインも担当した。とある元部下によると職場での甲斐は、つっかけサンダルでジーパン姿がトレードマークで、一時はヒゲも長く蓄えており「俳優の佐藤蛾次郎みたいな風貌だった」という。主人公のパックマンがドットを食べたときの音、通称「ワカワカ音」なども含む、ジングル以外のSEは石村がすべて作り、サウンド関連のハード開発は田城幸一が担当した。

デザインが本職の甲斐が、なぜ『パックマン』の作曲を任されたのか？　甲斐はナムコ在職中に、自身の趣味をあまり表立って言わなかったそうだが、同僚を介して「私が『ジャズが好きで、ギターが弾けて楽譜も書けるらしい』との情報が、石村さんか岩谷さんのどちらかの耳に入ったことがきっかけで作曲を頼まれたのだと思う」と証言している。実は、甲斐は高校時代に友人の兄が持っていたレコードをきっかけにジャズに興味を持ち、オーネット・コールマンやエリック・ドルフィーの大ファンになり、大学進学後は友達とジャズ喫茶に通い出し、友達の見よう見まねでギターの演奏を覚えた。さらに甲斐は、大学時代にギターを弾いていたところ、とある年上の男性の目に留まり、その縁からアルトサックス奏者の坂田明らとバンドを結成し、自身はリード役としてライブ活動をしていたというのも今となっては驚きだ。

『パックマン』のジングルは、甲斐が職場に持ち込んだ私物のギターを弾きつつ五線譜上に曲を書き上げ、それを石村がデータ化したうえで作られた。甲斐によると、ジングルは2曲とも「当時はメロディだけで鳴らすことが多かったから、ちゃんとベースも付けた曲にしたいなと思って作った」そうで、バンダイナムコエンターテインメントの公式サイト

「バンダイナムコ知新」に掲載された「第7回『パックマン』誕生秘話【前編】岩谷徹氏、甲斐敏夫氏、石村繁一氏、大杉章氏、山下正氏、小野浩氏、原口洋一氏、猿川昭義氏、遠藤勝利氏インタビュー」でも以下のように証言している。

「あの当時、岩谷くんはオールマン・ブラザーズ・バンドが好きだったんですよ。（中略）そこで、それに通じるような方向性（アメリカ南部風のロック）で音楽を考えていったんですが、僕の場合は、そこからロマの雰囲気が感じられる音楽を連想して……ハンガリー出身のギタリスト、ガボール・ザボを参考にしました。この人は、カルロス・サンタナが大好きだったギタリストでもあります。その人がワンコードで演奏する曲をおもしろいなと思っていたんです。当時の日本の音楽は基本的にメロディを重視したものばかりでしたが、『パックマン』では「ストーン、ツッ、ストーン、ツッ」とドラムを入れて、そこに半音上がったり下がったりするようなちょっとずらしたコードを乗せていきました」

本作のジングルやSEが素晴らしかったのは、甲斐や石村のセンスに加え、ナムコが独自に開発した、最大3チャンネルまで同時に音が出せるのに加え、独自の音色が作れる任意波形発生回路（シンセサイザー音源）、通称「パックマン音源」を搭載していたことも大きな要因である。当時のビデオゲームは矩形波だけを使って音を鳴らすのが当たり前の時代にあって、振幅方向16段階、時間軸方向 32段階で任意に作った波形を8種類使用し、8種類の音色を出すことができる仕組みを実装したのは革命的なことであった。さらに、この回路には1個の回路で時分割して、同時に3チャンネル以上の音を出せるようにする仕組みも初めて導入された。田城は『シューティングゲームサイド』のインタビュー記事において、ナムコは任意発生回路の発明により1987年に特許を取得したと証言している。

田中によると『パックマン』の発売当時は、日本国内で任意波形発生回路に相当する方式のシンセサイザーはまだ発売されていなかった。つまり、ナムコは数あるシンセサイザーのメーカーよりも早く、この技術を導入していた事実は驚き以外の何物でもない。ナムコの技術者たちがいかに優秀で、音に対する尋常ならざるこだわりがあったのかがわかるというものだ。そんな『パックマン』を目の当たりにした、多くの競合他社は「ウチのゲームでもこんな音が鳴らせたら……」と羨望の眼差しで見ていたという。

なお「コーヒーブレイク」の演出自体は、『パックマン』が元祖ではない。その最も古い例のひとつが、タイトーが1979年に発売した『ルナレスキュー』である。本作は、宇宙船を操作して地上にいる宇宙飛行士を救出し、敵をショットで倒しつつ上空で待つ母船に帰還を目指すシューティングゲームで、宇宙飛行士を全員救出するとステージクリアとなる。本作では、3面をクリアすると『スペースインベーダー』の敵キャラクターと「FIGHT!」とプレイヤーを励ますメッセージが表示され、短いジングルが流れる「コーヒーブレイク」のアイデアを取り入れていた。

ちなみに『ルナレスキュー』の「コーヒーブレイク」の演出は、筆者が調べた限りでは1種類だが、『パックマン』は全部で3種類ある（※ジングルは1種類のみ）。つまり、すべての「コーヒーブレイク」を見るためには、最低でも10面をクリアするだけの腕が必要となる。複数のパターンを用意することで、プレイヤーは「コーヒーブレイク」を何回見られたか、そしてその演出の内容を知っているかが、自身の実力を示すバロメーターにもなっており、プレイヤーたちの挑戦意欲を大いに煽る優れたアイデアだった。

このようなプレイヤーを祝福、あるいは緊張感を一時的にほぐすために作られた「コーヒーブレイク」時のジングルも、ゲーム音楽ならではの素晴らしい演出および文化であると言えるだろう。

音楽専用カスタムICを開発——
他社がうらやむナムコの技術力

ナムコのゲーム音楽のクオリティが高かったのは、会社の備品としてシンセサイザーなどの楽器や機材が常備してあっただけでなく、同業他社の開発者たちが「あんなに高性能の音源が使えるのがうらやましかった」と口をそろえる開発環境が整っていたことも大きな理由のひとつだ。

ナムコがビデオゲームに参入する以前に開発していたゲームは、コンピューターを使用せず、機械や電子部品を組み合わせて作った、いわゆるアーケード用のエレメカゲームであった。澤野によると、ビデオゲーム参入当初はエレメカのほうが音のバリエーションはむしろ多かったという。中でも澤野の新人時代の上司であった和田正己は、エレメカの時代にあってただ1人、音にもこだわってゲームを作っていた。

澤野いわく「昔のラジオ少年みたいな方だった」という和田は、1970年にナムコが発売した『レーサー』の時点で、すでにノイズを増幅して爆発音を鳴らすアイデアを実装していたという。『レーサー』とは、ハンドルとアクセルペダルでマイカーを操る、コンピューターを使っていない、エレメカのレースゲームで、平面ではなく立体モデルを使用した投影装置を導入したことで、より迫力のあるレースが楽しめるのが特徴であった。和田は特に音楽の素養はなかったようだが、それでもゲームが面白くなるのであれば音にもとことんこだわって開発する、そんな社風や伝統が後のゲーム音楽文化、あるいは技術の発展につながったのかもしれない。

「パックマン音源」をいち早く開発したナムコは、ここで養われた技術をベースに、音楽専用のワンチップカスタムＩＣであるＣ15を作り上げ、1982年に発売された『パックマン』の続編にあたる『スーパーパックマン』に初めて搭載した。

Ｃ15は、あらかじめＲＯＭに記録しておいた8種類の波形（音色）を使用して音を出す仕組みで、最大8チャンネルまで同時にステレオ出力を可能とした。従来の3音から一気に8音に増えるなど、当時としては最高峰の性能を誇る音源であり、優秀なコンポーザーの才能をさらに引き出した、こちらも歴史に残る逸品である。

『シューティングゲームサイド』の記事によると、このカスタムＩＣの開発を主導したのは小川徹で、小川は1981年に発売されたシューティングゲーム『ギャラガ』ではプログラムを担当するなどハード、ソフトの両面でナムコのビデオゲーム黎明期を支えた人物である。とある元部下によると、小川は趣味でフォークギターを弾くほか、シンセサイザーの仕組みを理解するなど音楽の素養があり、音には並々ならぬこだわりの持ち主で、社員旅行の宿泊先でギターの腕前を披露したこともあったという。また、田城は真空管アンプの制作が趣味で、澤野によるとアマチュアバンドを組んでいた経験を持っていたとのこと。ほかにも、1980年前後にナムコに入社した世代は、音楽に興味があるだけでなく、少年時代に電気工作が流行していたこともあり、アンプやスピーカーを自作した経験者が何人もいたことも、もしかしたら先進的な音源の開発につながったのかもしれない。

FM音源が普及する80年代の半ばまでの間は、デジタル音源に関しては、任天堂など一部のメーカーを除いて、他社では『スペースインベーダー』に搭載されたSN76477のほか、いわゆる「ピコピコ音」とも言われる音を奏でる、GI（ゼネラル・インストゥルメンツ）製のAY―3―8910をはじめとする、いわゆるPSG（Programmable Sound Generator）音源のような既製品を使用するのが普通であり、矩形波の極めてシンプルな音色しか使うことができなかった。そんな時代にあって、任意波形発生回路をカスタムICとして作り、しかも8チャンネル同時ステレオ出力も可能にしたナムコの技術は、他社より一歩も二歩も先んじていたのだ。

C15を搭載したタイトルのひとつに、1982年に発売された『ポールポジション』がある。本作は、専用のコックピット型筐体を使用し、ハンドル、シフトレバーとアクセル、ブレーキペダルでマイカーを操作するアーケード用レースゲームで、当時としては最高峰の技術が導入され、こちらも全国各地のゲームセンターで、さらには海外でも大人気を博した。本作のパンフレットには「4chサウンド」と題して、以下のような文言が書かれている。

「グランプリの音響忠実再現。右に左に先行車のエンジン音、後輪のスリップ音、追い越しのドップラー音……プレーヤーはいつしかF-1の世界へ」

つまり、本作の筐体は左右のスピーカーに2音ずつ出力する仕組みを盛り込み、まるで実車を運転しているかのような、当時としては群を抜くリアルさとスピード感を演出していたことも、本作の大きなセールスポイントになっていたのである。

カスタムICを立て続けに作った背景には、カスタム化に必要な部品が安くなり、量産しても採算が取れる市場環境が整ったことに加え、実はビジネス面でどうしても避けて通れない、もうひとつの大きな理由があった。ナムコでは『ギャラクシアン』の大ヒットを機に、本作のコピー基板が市場に大量に出回るようになったため、コピー対策の一環として他社が簡単に複製できない、カスタムICを基板に載せる必要が生じていた。回路を目に見える形で出さずにカスタム化しておけば、「カスタムチップを使っていない基板はコピー品である」

『ポールポジション』
（※プレイステーション版
『ナムコミュージアムVOL.1』より）

との明確な証拠にもなり、もし解析されてしまっても、コピー品が製造されて出回るまでの間に市場を押さえる「時間稼ぎ」にも非常に有効となるからである。

今では想像もつかないことだが、当時のアーケードゲーム業界は権利元から無許諾のコピー基板を作る海賊業者がいくつも存在しており、自社の権利や技術、利益を守るための対策は必須課題であった。音楽専用のカスタムＩＣを開発したのは、純粋にゲーム音楽のクオリティ向上だけでなく、セキュリティ強化も大きな目的だったことも、現代の目で見ればウソのような話だ。

その後、ナムコではＣ15の性能をさらに上回るＣ30を開発し、１９８４年に発売されたアクションゲーム『パックランド』に初めて導入された（※開発に着手したのは、翌85年に発売された『ドラゴンバスター』が先である）。Ｃ30は、正確にはＣ30とＣ60という、まったくタイプの違うふたつのカスタムＩＣが連携してサウンドをサポートするもので、Ｃ30はゲートアレイ、すなわちデジタル回路の塊であった。Ｃ60はマスクＲＯＭにプログラムを焼き込んだカスタムＣＰＵで、ナムコ側で回路設計をしたわけではなく、どういう素性のＣＰＵなのかはトップシークレットだったという（以上、村田弘幸による）。

Ｃ30の設計はエンジニアの村田弘幸が担当したが、コンポーザーの慶野由利子もサウンドドライバの仕様について意見を出し、自らもプログラムの一部を組んだ。つまりC30サウンドは、エンジニアとコンポーザーが一緒になって開発した点でも画期的なシステムであった。C30の新機能として注目すべき点のひとつが、ノイズを生成できるようになったことである。この機能を活用して、慶野が試作した効果音を披露すると、開発スタッフは「こんな音が出せるんだ、スゲー!」と目を輝かせた。村田によれば、C30サウンドは基本的にはC15の拡張で、ノイズ回路は石村の発案だったという。なお前掲の『シューティングゲームサイド』の記事によると、村田自身も音楽への造詣が深く、C30のほかにも後にポリゴンを使った3DCGの基幹部分の開発に貢献している。

慶野の後輩で、1983年に入社したコンポーザーの小沢純子も、2017年に開催された展示イベント「あそぶ!ゲーム展ステージ2」のトークイベント「ゲームサウンドクリエイターの仕事」に出演した際に「素晴らしいハードを作ってもらったのだから、私たちも負けないよう、お互いに頑張らなくてはと思っていた」と証言しており、自社ハードとその開発者たちを非常にリスペクトしていたことが窺える。同じく、84年に入社した川田宏行も「C30は画期的でした。『ナムコのゲーム音楽と言えばC30』と言えるほど、ゲーム音楽の歴史に残る超重要なものです」と太鼓判を押す。

また、筆者がとある取材の際に、某ライバル会社のコンポーザーに話を聞いたところ「ナムコは機材が充実していて羨ましかった。90年代に入ってから、ようやく自社製基板の性能がナムコと同等となり『これでナムコに追いつけるぞ』と思った」というのだから、ナムコの技術がよほど進んでいたことがわかる。

当時の最新技術を投入した、数々のカスタムIーCを研究、開発できた要因のひとつが、社長の中村が作り上げた、新しいことにチャレンジする社員たちを応援する社風であったように思われる。もうひとつの大きな要因は、この時点でナムコはまだ東証に株を上場していなかったが『ギャラクシアン』や『パックマン』、とりわけ後者が海外でも大ヒットしたことで膨大なロイヤリティ収入が入ったことだろう。当時の最新技術を導入したハードを開発するためには、当然ながら相当な費用が掛かったはずだが、『パックマン』が大ヒットした直後のナムコは、実績ゼロの新入社員にも特別ボーナスを支給するほど潤沢な資金があったことも、新ハードの開発に成功した大きな要因であるように思えてならない。

事実、澤野は以下のように証言している。

「ナムコは、お金のことを考えずに開発できた自由な会社で『いつまでに、何千台売れるゲームを作りなさい』といった命令はまったくない時代がずっと続いていた。『まずは面白そうなゲームを作ろうじゃないか、今までにないもので驚かそうじゃないか』というところから開発が始まって、完成までにどのぐらいの期間がかかるのか、スタート時点ではあまり考えていなかった。ゲーム開発にかかる費用の概算も何もしない。とにかく作ってみて『よし、できた』『じゃあ生産のほうに』『売れました』みたいな形でずっと続けていた。もちろん、中にはダメな場合もあったが、会社が株式上場をしていないがゆえに、前年度よりプラス5%の売り上げが目標とか、前年度より10%の利益アップとか、予算管理やノルマは全然なかった。上場している会社だとそうはいかないが、上場前は本当に自由に作ることができて『これ、無理なんじゃない?』『ちょっと挑戦的過ぎるのでは?』みたいなものでも拒否されないムードがある社風だった」

また、元ナムコのコンポーザーの中潟憲雄によると、1985年頃に当時の価格で300万円もする最新の機材「Emulator II」(サンプリングシンセサイザー)を、社長の中村に「とにかく、これが欲しいんです」と直談判したうえで購入を実現させた。若手コンポーザーの熱意に応え、未来に向けた投資を惜しまなかった中村の経営判断が、後に多くの傑作、名曲の誕生につながったように思えてならない。

ゲーム開発に限らないが、ひとつのプロジェクトを完成させるにあたり、あらかじめ仕様書や人員体制、あるいは予算や納期をきちんと固めたうえで業務を始めるのが現代ではひとつの常識であろう。しかし当時のナムコは、今とはまったく異なるアプローチでビデオゲームが作られていたことも特筆すべき事実であるように思われる。また、開発部には一時期、APPLE IIやインテレビジョンなどの海外製コンピューターや家庭用ゲーム機などもいろいろ置いてあり、社員たちは仕事が終わった後に『ウィザードリィ』などのゲームをよく遊んでいたそうだ。

余談になるが、ナムコに優れた技術者が集まっていたことを示す大きなエピソードのひとつに、当時の大ヒット商品だった任天堂の家庭用ゲーム機、ファミリーコンピュータ（以下、ファミコン）市場に同社が参入するときの経緯がある。ナムコでは、何と任天堂からファミコンの仕様書などの資料を一切受け取ることなく、独自に本体を解析したうえでゲームソフトを先に作ってしまったのだ。

最初にファミコンのプログラムＲＯＭのデータを読み出し、「ダンプリスト」と呼ぶ16進数に置き換えた大量のリストをプリントアウトすると、プログラムの区切りが「60」で終わる法則に気付いた、当時の開発一課の課長で、大のAPPLE好きであった平岡一邦が「ファミコンのＣＰＵは６５０２ではないか」と推測した。そこで部下の宇田川治久が、

6502で逆アセンブラー（※文字列を命令に置き換える解析プログラム）をすぐに作り解析を始めたところハード、ソフトともに細部に至るまで理解でき、画像を出すことができた。サウンド部分の解析は、ギターの演奏に加え、シンセサイザーを自作できるほどの技術を持ち、後にサウンドプログラマーとしても活躍する水足淳一が担当した結果、自力でファミコン用ソフトが作れるとの確信を得るに至った。

独自の解析を経て作り上げ、1984年に発売されたナムコのファミコン参入第1弾ソフトは『ギャラクシアン』であった。元祖アーケード版に比べてハードの性能が劣るにもかかわらず、ファミコン版でもほとんど変わらないクオリティで移植を実現したことで、契約時にサンプルを見た任天堂のスタッフを驚愕させたという。

元ナムコのプログラマー、大森田不可止は「ファミコンのサウンドは矩形波が2チャンネル、三角波が1チャンネルとデルタモジュレーションが1チャンネルしか使えず、しかもゲームでは効果音も必要になるから貧弱な音になる。だからこそメロディラインが重要になるので、当時のナムコにはアーケードで鍛えられたメロディメーカーが多かったのは強みだった」と、ファミコン参入当時の同社の状況を振り返っている。

水足は「カスタムーCの時代は、ナムコの音が一番良かった」と自負していた。また

『ギャラクシアン』の企画を担当した澤野は、「世界一の開発集団を達成する夢は、瞬間的にはできたと思う」と、かつての自分たちの業績を振り返る。優れた曲を書き上げるコンポーザーと、業界最先端のハードが作れる開発者の両輪がそろったからこそ、ナムコのゲーム音楽は常に業界のトップランナーであり続けたのである。

なお2016年には、コルグがバンダイナムコスタジオとのコラボにより開発した、C30を再構築したシンセサイザー「Kamata」を、モバイル音楽制作アプリ『KORG Gadget』の1タイトルとして配信を開始した。C30の登場から30年あまりが過ぎてから、このようなアプリが開発されたのは、今なおナムコ音楽ファンの根強い人気がある何よりの証拠であろう。

「しゃべるゲーム」の開発にもいち早く着手

ゲームをより面白くする演出の一種として、昔は「音声合成」とも呼ばれていた、人の声などをサンプリングしてゲーム中に流す技術が1980年前後に導入されたことも、ゲーム音楽の歴史においては重要なポイントだ。

　現在ではデモ画面、あるいはアニメーションが再生されるシーンなどで、キャラクターのセリフや曲に合わせてアーティストが歌うテーマソングが流れる演出は、ごく当たり前に存在する。だがビデオゲームの黎明期は、単語のボイスが流れるだけでも「機械がしゃべっている！」とプレイヤーを大いに驚かせる演出のひとつになっており、ナムコでもかなり早い時期から音声合成を導入していた。

　同社で最初に音声合成を使用したタイトルは、１９８０年に発売された『キング＆バルーン』である。本作は『ギャラクシアン』と同様に、自機にあたる砲台を操作して、敵キャラクターにあたるバルーンを破壊するシューティングゲームで、バルーンに王様を画面外に連れ去られるとミスとなり、砲台は敵に何度破壊されてもミスにはならない、斬新なアイデアを導入していた作品だ。

　本作には、王様がバルーンに捕まると「ヘルプ」と叫び、王様を捕まえたバルーンを倒して救出すると「サンキュー」とお礼を言い、王様が連れ去られると「バイバイ」としゃべる、全3種類の人間の声（ボイス）がある。たった3種類の短いボイスだが、これだけでも当時のプレイヤーには強烈なインパクトを

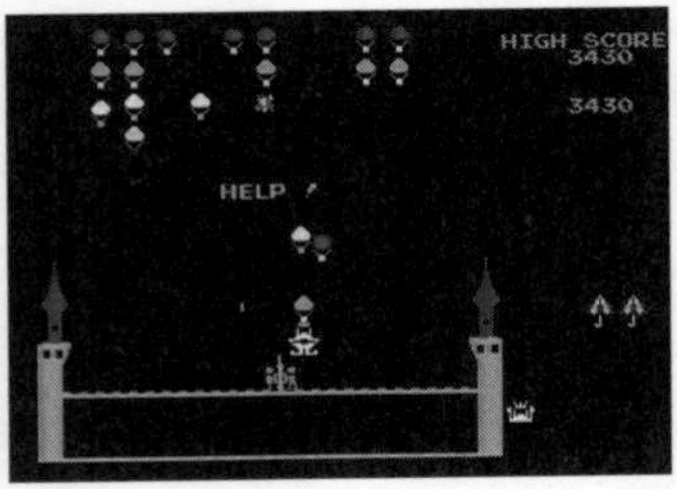

『キング＆バルーン』
（※プレイステーション版
『ナムコミュージアムアンコール』より）

与えた。

なお、サンプリングの技術自体は1980年よりもかなり以前からすでに存在はしており、本作がビデオゲームに導入した第1号ではない。1980年5月にサン電子が発売したアーケード用シューティングゲームで、その名も『スピーク&レスキュー』が先んじてサンプリングを導入していた（※『キング&バルーン』の発売は同年の10月）。

では、そもそも『キング&バルーン』で音声合成の演出を入れようと思ったきっかけは何だったのか？　本作の企画を担当した澤野によれば「『音声合成ができるハードがあるよ』と聞いたので、じゃあやろうかなあと」と、至極単純な理由で導入を決めた。音声合成を勧めたのはプログラマーの深谷正一で、王様の「ヘルプ」のセリフは澤野の声を加工して作られたが、「何で自分が、あんな声を出さなくちゃいけないんだと思っていた」とは澤野本人の弁だ。

また澤野によると、本作のボイスは日本人にはハッキリと聞き取れたものの、外国人の耳には何としゃべっているのか、まったく通じなかったことが反省点として残った。そこで、1981年に発売した『ボスコニアン』では、当時の海外事業部長で、後にナムコアメリカの社長となる中島英行がボイスを担当した。敵の編隊が接近したときに流れる「バトルステーション」のボイスは中島のアイデアで、これはアメリカの戦争ドラマ『コンバット』で攻撃開始時に使われていた言葉からヒントを得たものだ。

『ボスコニアン』は、前後に1発ずつショットが撃てる自機を操作して敵を倒していくアーケード用シューティングゲームで、上下左右に加えナナメも含む、合計8方向にマップが自機の動きに合わせてスクロールするのが特徴のアーケード用シューティングゲームである。本作には、ゲーム開始時に「ブラスト・オフ」、敵が接近すると「アラート」、敵軍が総攻撃を仕掛けた際は「コンディション・レッド」など、プレイヤーにその時々の状況を知らせるボイスが用意されていた。これらのボイスによって、プレイヤーをSF映画やアニメの主人公パイロットになったかのような気分にさせてくれるのがとにかく素晴らしかった。

さらに本作のすごいところは、基板に音声合成用のカスタムICであるスピーチカスタムIC（C52）も導入していたことだ。C52は、前述の『ボスコニアン』のほか『ポールポジション』にも使用され、女性の声でゲーム開始時に「予選スタートです」、決勝レース開始時に「予選通過。決勝グランプリスタートです」のボイスが流れた。

繰り返しになるが、『キング&バルーン』が登場した当時は、まだ「ゲームの音と言えば

SE」の時代である。たとえ人間のキャラクターが登場するゲームであっても、セリフをしゃべらないのが当たり前であり、プロの声優を起用する発想自体がゲーム業界にはまったくなかった。

では、声優を起用したデジタルサンプリングによる本格的なキャラクターボイスが流れるアイデアを最初に導入したタイトルは何だったのか？　実は、この答えもナムコ作品で、1986年に発売されたアーケードゲーム『源平討魔伝』なのである。

本作は、地獄から蘇った主人公、平景清を操作して剣で敵を倒していく、和風の世界観を特徴とするアクションゲームである。本作には、主人公の景清の「いざ」「ぐおっ」「必殺旋風剣、いやあ～！」といったセリフだけでなく、敵キャラにも豊富なセリフあるいは叫び声などのボイスが多数用意されていた。源義経の「殺してしんぜよう」をはじめ、弁慶が「ばかめ」「これで勝ったと思うなよ」、ラスボスにあたる源頼朝の「戯れは終わりじゃ」「我が魂は不滅じゃ」など、主人公だけでなく敵キャラの存在感もより引き立てる、当時としてはケタ違いのバリエーション豊かなボイスが収録されていたことも、プレイヤーの大きな楽しみとなっていた。

本作で声優の起用を発案したのは、コンポーザーの中潟憲雄である。中潟によると、本作は「映画みたいなゲームにしたかったので、素人の社員を使うのはどうかと思った」ことから、中潟が新人時代に開発を担当していたロボットバンド『PiCPAC（ピクパク）』で声優を起用した縁を利用して、当時と同じくアーツビジョンに声優の手配を依頼した。本作のボイスの収録は、ナムコの開発部があった大森に程近いスタジオで行われたが、なるべく費用を安くするために名の通ったベテランではなく、まだ無名で劇団の研究生的な立場の声優を起用した。このため、本作の声の主はいったい誰なのか、残念ながら中潟も覚えていないそうだ。

『源平討魔伝』の基板には、BGMの再生に利用するFM音源とは別に音声合成用のチップも搭載している。技術的には、FM音源で音声合成を作る方法もあったのだが、あまり効率が良くないため専用のチップを追加したうえでボイスが作られた。また本作のサウンドプログラマーは、ボイスを録音するとリアルタイムで録音したデータをそのままROMに書き込むツールに加え、無音の部分を自動で圧縮するプログラムも組み込むなど、なるべくメモリを節約して効率良くボイスが作れる工夫を凝らしていた。

本作で企画を担当した高橋由紀夫は、かつて筆者のインタビューで「当初は

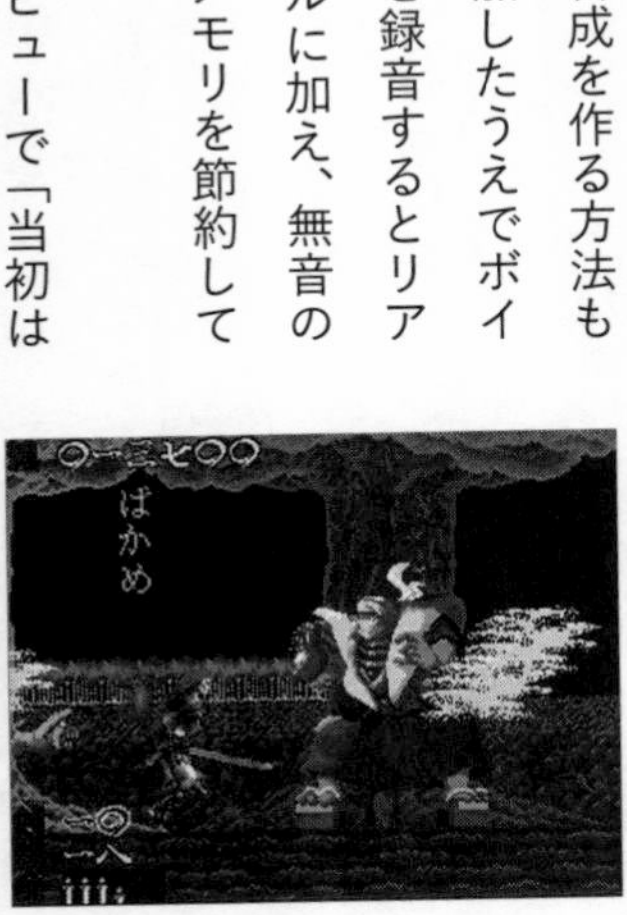

業界初となる、声優を起用してボイスを収録した『源平討魔伝』（※プレイステーション版『ナムコミュージアムVOL.4』版より）

社員の声を使えばいいのにと思っていたが、いざプロの声を収録してみたらボリュームが大きいだけでなく、余計なノイズみたいなものがほとんど入っていなかったので、コンピューター上での加工がしやすかったのは新鮮な驚きだった」と証言している。ゲームの開発にあたり、ボイスの収録に声優を起用する文化もビジネスモデルもなく、社員の声を利用するのが当たり前だった業界の常識を覆したことも、後世まで語り継ぐべきナムコの偉業だ。

また中潟は、自身が企画と作曲を担当し、1988年に発売されたアーケード用アクションゲーム『超絶倫人ベラボーマン』では、最初からボーカルアレンジなどのゲーム音楽アルバムやオリジナルアニメなどを出すことを想定し、実績のあるプロの声優を起用した（※声優は梅津秀行、花咲きよみ、飛田展男の3人を起用）。これらの中潟の構想が実現できたのは、単なるコンピューターの知識だけでなく、周波数や平均律といった音の構造を理解し、かつ自らも楽器を演奏するような、元々音楽に造詣のある開発者が幾人か存在したことも大きな要因であった。

第3章

「ゲーム音楽の父」大野木宣幸

天才コンポーザーは個性の塊

ゲーム音楽誕生の歴史を語るうえで、絶対に忘れてはいけない人物がいる。『ニューラリーX』『ボスコニアン』『ギャラガ』『マッピー』『リブルラブル』『メトロクロス』など、80年代前半からのゲームファンにとっては垂涎の名作で作曲を担当した、元ナムコの伝説のコンポーザー、大野木宣幸だ。

歴史上の極めて重要な人物でありながら、生前の大野木はごく一部の時期を除いてメディアの取材を受けたことがほとんどなく、よほど熱心なゲーム音楽ファン以外にその名を知られることはほとんどなかったように思う。以下、本章では筆者が調べられた範囲ではあるが、大野木の経歴や功績を記していくことにする。

大野木は1956年、静岡県修善寺市で生まれた。幼い頃、近所にあった旅館の主人から「ジュークボックスを好きなだけ聴いていいよ」と言われたことがきっかけで音楽に興味を持ち、中学時代はブラスバンド部でユーフォニウムとトランペットを担当した。千葉大学工学部電気工学科に進学後はフォークソング愛好会に所属していたが、ほかに「特別なことはしていなかった」とアーケードゲーム雑誌『ゲーメスト』やマイコン（PC）雑誌『マイコンBASICマガジン』の記事ではコメントしている。一方、ゲーム雑誌『Beep』1989年3月号のインタビュー記事では「NHKのニュースアナウンサーになりたかったですね。テレビに出たかったというか……」とも語っている。

大学を中退後、大野木は1980年にナムコに入社した。本職はプログラマーで、MSXパソコン版『パックマン』や『ディグダグ』のプログラムを担当したほか、前述の『マッピー』と、その続編にあたる『ホッピングマッピー』や『メトロクロス』では作曲とプログラムの両方を手掛けた。

大野木がナムコに入社したきっかけは、アーケードゲーム専門誌『ゲーメスト』1987年1月合併号のインタビューでは「ゲームが好きで、『キューティQ』に引かれて、思わず入ってしまった。音をやりたい気持ちも強かった」と語っている。なお『キューティQ』とは、前述の『ジービー』と『ボムビー』に続き、1979年にナムコが発売した「ブロック崩し」とピンボールを融合したゲームのシリーズ第3弾である。

またソフトバンク刊『ザ・ナムコグラフィティ1完全保存版！ NG総集編&特別編集号』によると「実際のところ、何で入ったのかがよくわからない。大学の友達が広告を見て『面白いから、僕はダメだけどお前が行って来い！』って（笑）」とも語っている。いったい真相はどちらなのか、実に不可思議な発言を残している。

1985年にナムコを退社すると、『ゼビウス』を開発した遠藤雅伸ほか6人の同僚と共に、同年8月に株式会社ゲームスタジオを設立し、以後ナムコ以外から発売されたゲームソフトの作曲および開発業務のほか、ゲーム音楽アルバムのプロデューサーとしても活躍した。同社時代の大野木の名刺には「作曲家」と書かれており、はっきりとは断言できないが、ゲームメーカーの社員が「作曲家」と明確に名乗ったのは、おそらく大野木が最初ではないかと思われる。

翌1986年には、ゲームスタジオの兄弟会社として設立された、ゲームソフトに加えてゲーム音楽アルバムや映像制作も手掛けるデジタル・エンターテイメント・カンパニーに移籍し代表取締役となった。同年にサイトロン・アンド・アートに社名を変更後は取締役となり、ゲームソフトの開発プロジェクトを指揮する傍ら、自らもファミコン用レースゲーム『ファミリーサーキット』や格闘アクションゲーム『ケルナグール』、PC用ロールプレイングゲーム『シャドウブレイン』などの作曲を手掛けたほか、引き続き多くのゲーム音楽アルバムでプロデュー

ゲームスタジオ時代の大野木の名刺。「作曲家」との記載がある

サーを務め、ゲーム音楽市場の発展に絶大な貢献を果たした。

やがて大野木はゲーム業界から身を引くと、時期は定かではないが故郷の修善寺市に戻った。帰郷後は乾物屋の大将のほか、近所のスーパーマーケットでアルバイトをしていたこともあったが、晩年は家族とも離れて独り暮らしをしており、2019年9月頃にこの世を去った。正確な命日や死因は今なお不明だという。

ゲームスタジオ設立メンバーのひとりでもある大森田不可止によると、ナムコ時代の大野木は後輩からたいへん慕われており「とても変わった性格だが、エンターティナーとしての資質が高かった」という。ほかのナムコ時代の同僚などに話を聞くと、大野木は普段から職場でもよくボケたり、フォークギターを弾いたり替え歌を歌ったり踊ったりして、よく周囲を笑わせていた。大野木は当時の人気アニメ『Dr.スランプ』の主人公、アラレちゃんの口癖「うほほ〜い!」が大好きで、キャスター付きの椅子に座ったまま両手を挙げ、後方に走らせて遊んだり、サインを求められると「UHO」とサインをしたりもしていた。筆者が大森田に聞いたところ、大野木は大学時代、何と落語研究会にも所属していた。「社内のムードメーカーだった」と仕事仲間の誰もが口をそろえるその資質は、落研で大いに養われたものかもしれない。

また大野木は、オーバーオールやサスペンダーを愛用していたことから「オーバーオールと言えば大野木さん」とのイメージも多くの元同僚が持っており、日によってはまるで八百屋か魚屋のような前掛けをしていたこともあったという。今でもプログラマーと言えば、画面に向かって黙々と仕事をする職人肌のイメージが世間的にはあるかもしれないが、大野木の個性は当時から際立っていた。

大の酒好きでもあった大野木は、仕事の後に同僚らと飲んだ帰り道に思い付いたフレーズやアイデアをメモしては、ストックをため込んでいた。生前は「飲んで楽しい気分になったときに、いろいろ口ずさむとアイデアが浮かぶ」などと知人によく話していた。サイトロン・アンド・アート時代には、部下に対し「お前、ワンカップ大関の正しい開け方を知っているか?」と唐突に話し掛け、プラスチックのキャップを片方の手で抑えたままシュリンクを回し、酒を一滴たりともこぼさずに開ける方法を披露し「これが正しい開け方だ!」と自慢気に語ったこともあったという。

大野木は鉄道好きでもあり、同社に在職中は帰宅時にワンカップを飲みながら小田急ロマンスカーの先頭車両に乗るのが「プチ幸せだ」とも語っていたそうだ。またサイトロン・アンド・アート時代には、家族同伴ができる社員旅行で地元の修善寺に出掛け、同僚に地元を案内したこともあった。

やがてゲーム開発職を辞し、修善寺に戻った大野木は、パソコンは持っていなかったらしいが携帯電話を利用して、不定期に知人やゲームファンを地元に呼び寄せ、観光案内や飲み会を何度か実施していた。その参加メンバーに話を聞くと、大野木はあらかじめ周到なプランを立て、持ち前のエンタメ精神を発揮してみんなを楽しませようと、精力的に地元のおすすめスポットに連れて行ったそうだ。とあるゲームの作曲を引き受けた際には、クライアントに「○○川の○○橋の下に来い」と急な呼び出しをしたかと思えば、発注した曲を勝手にネット上にアップするトラブルを引き起こしたこともあったという。

実は筆者も一度、大野木とはリアルでまったく面識がないにもかかわらず、亡くなる直前にメッセンジャーを通じて「修善寺ツアー」に誘われたことがある。筆者を招待したのは、おそらくフリーライターとして活動を始めた直後から、ナムコ関係者に取材などで会う機会が増えたため、たまたまSNSのフレンド候補リストで筆者の名前を見付けたからであろう。

残念ながら、当日は都合がつかないため丁寧にお断りをさせていただい

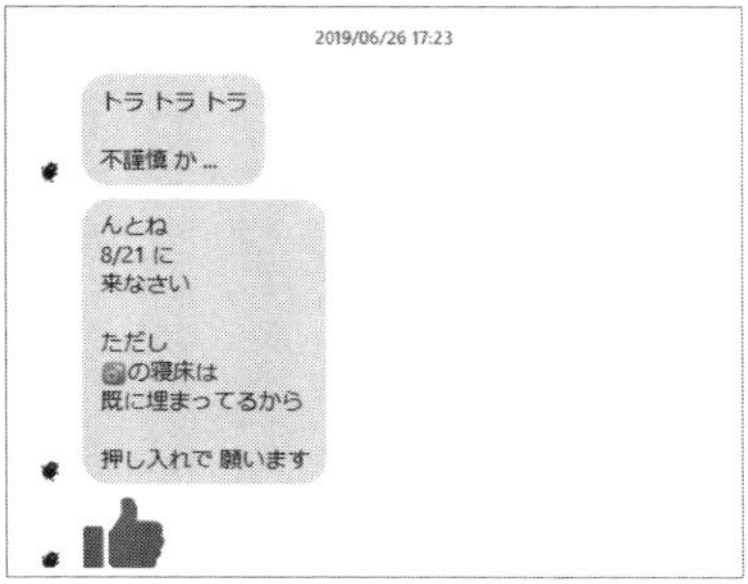
2019/06/26 17:23
トラ トラ トラ
不謹慎 か …
んとね
8/21 に
来なさい
ただし
の寝床は
既に埋まってるから
押し入れで 願います

大野木が筆者に送ったメッセンジャー。何とも不可思議な内容である

たが、面識がない筆者のような根無し草にも目を向け、なおかつ実に個性的な文章を送ってきたことからも、氏の変わった性格が垣間見える。

史上初の
本格的なBGMを作曲

甲斐によると、大野木が入社直後の時期に「会社で楽器を買うから、面倒を見てやってくれ」と開発課の課長に言われ、新人社員たちの相談に乗ったことがあった。すると大野木らは「この会社には楽器もないのか……」とか、会社から決裁をもらったうえで一点数万円もする備品を買っても「不服だ」とか言っては、ひどく不機嫌な態度だったので「異人種が入ってきたなあ……」と甲斐を驚かせたことがあった。

生前の大野木が、修善寺の自宅に呼び寄せた知人に語った証言によると、大野木が入社後に作曲を任されるようになったきっかけは、あるとき会社でカシオトーンを遊びでいじっていたところを、たまたま見掛けた中村から「お前がやれ」と言われたからだという（※かつて、サイトロンのＷｅｂサイトに掲載されていた「座談会」の記事中では、大野木自身は「シンセサイザーをいじっていた」と証言している)。作曲の仕事を本格的に始めてからも、大野木はよくヘッドフォンをしながらカシオトーンを弾いていたそうだが、実は当時から社内にはシンセサイザー(※ローランド製の「SYSTEM-700」)がすでにあった。だが、これは大野木とは別の開発部署にいた社員が注文して購入したもので、ビデオゲームの作曲には使用されなかった。甲斐によれば、シンセサイザーを注文した社員は新しもの好きではあったが、音楽には特に興味はなかったそうだ。

大野木が最初に作曲を担当した作品は、1981年に発売された『ラリーX』である。本作はマイカー(レーシングカー)を操作して、敵の車や障害物を避けながらフラッグ(旗)を取ると得点となるアクションゲームで、大野木はハイスコア・ミュージック(※ゲームオーバー時にハイスコアを更新していた場合に流れる曲)のジングルを作った。

なお、本作のハイスコア・ミュージック以外の曲は甲斐の作曲で、SE全般はプログラマーが作ったものである。メインBGMはメロディだけの1チャンネルで、弱起で全6小節(※1~2小節は3回、3~4小節は2回繰り返される)で、BGMというよりはジングルに近い短い曲だが、プレイ中にずっと流れるインゲームミュージックを採用した最初期のタイトルとして特筆すべきものである。

甲斐は筆者の取材に対し「はっきり覚えていないが、BGMに使われた曲は、とりあえずベースのようなものを作ろうと思って楽譜に書いたもので、楽譜を渡した後にチェック作業を頼まれたことがなかったので、その後はどうやって作られたのかは全然わからない。もし後からチェックを頼まれていたら、そこでメロディも追加したかもしれない」と証言している。また、別のOBに本作でインゲームミュージックを導入したきっかけを聞いたところ「走行音とかだけでは単調だよね、BGMもあったほうがいいよね、みたいなノリで決めた気がする。実際にBGMを入れたらとても良くなったので、反対意見は特に出なかったと思う」とのことだった。

本作はインカム（売上）こそ悪くなかったが、非常に難易度が高かったことから、発売からわずか1か月後に、ゲームバランスなどを改良してより面白くした『ニューラリーX』を新たに発売することになった。『ニューラリーX』では、プレイヤーがひと目で前作との違いが分かるようにするため、マイカーやコースのデザインの変更に加えて曲も作り直すことになった。当時の甲斐は管理職の仕事が忙しく、自分から作曲をやりたいと名乗り出ることもなかったため、『ニューラリーX』では自然と大野木が作曲を任される形になったようだ。

このような経緯で生まれた、大野木の作曲による、楽譜上では24小節程の尺にまとめられた、ゲームを遊んでいて思わずテンションが上がってしまう、メロディとベースの2チャンネルを使用した軽快なメインBGMは多くのプレイヤーに衝撃を与えた。筆者もそうだが、この曲を聴いたことがきっかけで「ゲーム専用のオリジナル曲があるなんて!」と、ゲーム音楽の存在そのものを認識したプレイヤーは全国各地に数え切れないほどいたことだろう。

昔のゲームセンターはビデオゲームだけでなく、ピンボール筐体から流れて来る音も爆発音などのSEやジングルが多く、場所によっては周囲の話し声もよく聞こえないこともけっして珍しくなかった。前掲の『ザ・ナムコグラフィティ1 完全保存版! NG総集編&特別編集号』のインタビューでも、大野木が『ラリーX』の開発当時は「音は、ないよりもあったほうが……」程度の認識しか業界内にはなかったと証言している。

そんな時代にあって、メロディとベースが見事なハーモニーを奏で、聴いているだけでも楽しい気分にさせてくれる曲を、プログラマーが本職の「普通の会社員」が作り上げた事実は驚き以外の何物でもない。『ニューラリーX』を通じてジングルの領域を超え、プレイ中に音が鳴り続ける本格的なBGMを創作したのは、実質的には大野木であったと言っても差し支えはないだろう。以後、大野木は本格的にコンポーザーとしての仕事もこなすようになった。

大野木が作り上げた本作のメロディアスなBGMは、ナムコ独自の任意波形発生回路による音色の素晴らしさも相まって、繰り返しになるが多くのプレイヤーに衝撃を与え、ゲームファンの間で「ナムコのゲームの曲はスゴイ!」と、他社のタイトルよりもそのクオリティは一頭地を抜いているとの評価を決定的なものにした。後にナムコ以外のメーカーに入社したコンポーザーの中にも、本作のBGMに感動したことでゲームにハマり、あるいは開発職を志望する動機につながった者が少なからずいたと聞く。本作のBGMの誕生は、これほどまでにゲーム音楽史上に残る出来事だったのである。

当時の大野木は『ニューラリーX』のBGMで「定時で退社〜」などと、即興でいろいろなゲームの曲に歌詞を当てた替え歌を披露し、同僚たちをよく笑わせていたそうだ。それを聴いた、とある元社員は大野木のことを「人類の敵」と呼んでいたという。もっとも、この元同僚は本当に大野木を憎んでいたわけではなく、大野木が日々定時に退社をしては、当時付き合っていた彼女との

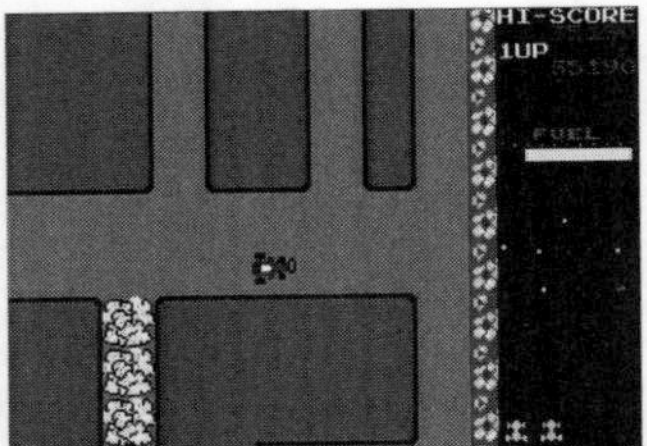

『ニューラリーX』
(※写真はプレイステーション用ソフト
『ナムコミュージアムVOL.1』版)

デートに勤しむ姿を見て、現代的な表現で言えば「リア充」だった大野木に対する、一種のやっかみで「敵」と呼んだだけであった。

「そんな天真爛漫で、私生活も充実していた大野木さんだったからこそ、手掛けた多くの作品が明るく、軽快なものになったのでは」との印象を多くの仕事仲間が持つのは、至極当然のことだろう。また、後に大野木らとともに数々のゲーム音楽アルバムを世に送り出した、元サイトロン・アンド・アートの大野善寛によると、生前の大野木が『ニューラリーX』のBGMについて「自分の頭の中では、ブラスバンドの演奏で鳴っているイメージがまず先にあって、それを機械でも鳴るようにしたらあんな曲になった」などと語っていたと証言している。

大野木は、作曲するにあたり楽譜はまったく書かず、頭の中でイメージした曲を直接コンピューターに打ち込んで作っていた。後にゲーム雑誌や関連書籍に掲載された楽譜は、いずれも大野木の後輩にあたるコンポーザー、または音楽に秀でたライターが独自に採譜したうえで書かれたものである。

本作のパンフレットにも、ゲーム音楽の歴史の一端が知れる、今の目で見れば貴重な記述が残されている。「どこがどう変わったのか、『ニューラリーX』7つのポイント大公開」

と題したセールスポイントの7つ目に、本作は音にもこだわったことをアピールする以下の文言が書かれている。

「⑦：効果音　ゲームを盛りあげる大きな要素…効果音にも凝りました。ゲーム音ではなくゲーム・ミュージックと呼んでください」

この文章からも、当時の業界内ではゲーム中に鳴る音は音楽ではなく、あくまでSEの範疇としていたことが窺える。そして本作のパンフレットは、業界内で「ゲーム・ミュージック」という単語を使用した、おそらく最古の例ではないかと思われる。

前述した家庭用ゲームの『スナーフ』は1981年11月の発売（※1982年1月発売説もある）なので、81年1月に登場した『ラリーX』および2月に登場した『ニューラリーX』が、これに先んじてBGMを導入したことになる。自身のデビュー作で、いきなり歴史に残る偉業を成し遂げた大野木の功績は、未来永劫にわたり語り継がれるべきである。

『ギャラガ』に導入されたゲーム音楽の新たな技法

『ニューラリーX』に続き、大野木が作曲を担当した有名タイトルのひとつに『ギャラガ』がある。『ギャラガ』は『ギャラクシアン』に続く、宇宙空間を舞台に敵の昆虫型エイリアンと戦うシューティングゲームで、こちらも長きにわたり各地のゲームセンターで稼働を続けた大ヒット作であった。

本作はインゲームミュージック、つまりプレイ中に流れるBGMは存在しないが、ゲームスタート時とチャレンジングステージ(※敵が一切攻撃してこないため得点稼ぎがしやすいボーナス面)の開始時と終了時にジングルを流してプレイヤーのテンションを高める演出を盛り込み、ゲームオーバー後のネームレジスト(※プレイヤーの名前やイニシャルを書き込める機能のこと)中にも短い曲が流れる仕組みになっていた。

本作の音楽面で特に注目すべきポイントはふたつある。チャレンジングステージ終了時のジングルとネームレジストの曲が、プレイ内容に応じてそれぞれ変化することだ。チャレンジングステージでは、敵をすべて倒してパーフェクトを達成したときと、敵を逃した場合とでジングルが変わり、前者はプレイヤーのゲームの腕を称えてテンションを高めてくれる、いかにもファンファーレという曲になっている。

パーフェクトを逃したときのジングルにも、これまた素晴らしいアイデアが盛り込まれている。実はこのジングル、ゲームスタート時のジングルのメロディとまったく同じ曲だが、単音ずつディレイを掛けたメロディを全3チャンネル同時に流すことで、まるでエコーが掛かっているかのような、非常に深みのある音を生み出している。小沢によると、同じメロディにディレイを掛けて鳴らす方法を最初に編み出したのは大野木だが、自分で思い付いたのではなく「あれはバグだった」と証言している。具体的にどんなバグだったのかは不明だが、大野木が『ニューラリーX』でステージクリア時に流れるジングルを作っていたときに、バグがあったせいでメロディがズレた状態で流れたら、とてもカッコよくなることに気付いたことから生まれたアイデアだった。偶然の産物とはいえ、プレイヤーはまるで宇宙空間を漂っているかのような、何とも不思議な気分にさせてくれる見事な曲を作り上げたことでも、大野木は称賛されてしかるべきであろう。

ネームレジスト曲はハイスコア、すなわち1位を獲得した場合と、2～5位を獲得した場合とで、それぞれ異なる曲が流れる（※6位以下はネームレジストの対象外となる）。1位のときだけ流れる曲を用意することで、プレイヤーはチャレンジングステージでパーフェクトを達成したときと同様に、ハイスコア

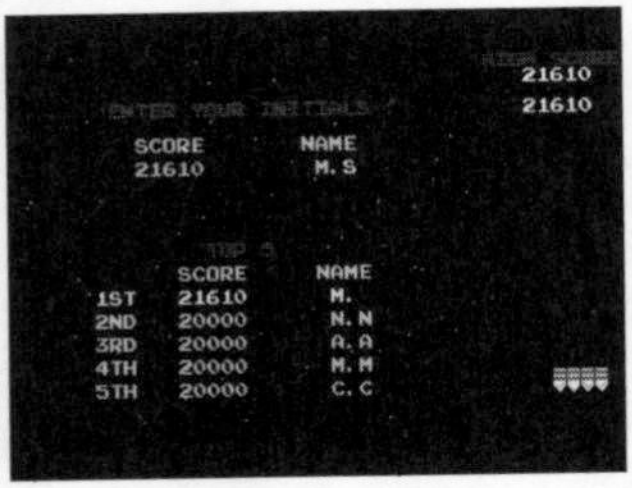

『ギャラガ』のネームレジスト画面
（※写真はプレイステーション版
『ナムコミュージアムVOL.1』）

獲得時にさらなる達成感を得ることができるのだ。

　このネームレジスト曲を複数用意するアイデアは、おそらく本作が最初ではないかと思われる。以後、このアイデアは『ポールポジション』や『ゼビウス』『ギャプラス』などのナムコ作品のほか、『１９４２』『エグゼドエグゼス』など他社のタイトルにも導入された。

大物作曲家も一目置いた傑作『マッピー』のＢＧＭ

　大野木の代表作のひとつが、１９８３年に発売された『マッピー』になるだろう。本作は、主人公のネズミの警察官マッピーを操作して、敵の猫のキャラクターたちに捕まらないよう、盗まれた品物を取り返すアクションゲームで、大野木は本作の作曲とともにプログラムも担当した。

　本作の企画を担当した佐藤英治によると、大野木はステージとキャラクター配置のデザインも自ら手掛け、基板の完成と同時にメインのＢＧＭもチャレンジングステージ（ボーナス面）のＢＧＭも、すでに流れる状態になっていたという。ある日、大野木は徹夜で本作のチャレンジングステージのデザインとキャラクターの配置、ＢＧＭまで全部自分で作ったらしい。なお佐藤によると、チャレンジングステージのＢＧＭは、本作の企画が立ち上がる以前から大野木が元々作ってあった曲を、大野木から「この曲を使いたい」と提案があったので使うことにしたそうだ。

以前に筆者が取材した際に「ひょうひょうとしていて、ひょうきんな人。明るい曲が好みだった」と佐藤が言ったように、本作のＢＧＭは軽快で抜群にノリが良く、ミスやゲームオーバーになったときのジングルすらも明るくユーモラスに感じられる。本作の曲は、かの有名な『ドラゴンクエスト』シリーズの作曲者、すぎやまこういちも「高く評価していた」と、趣味の『モノポリー』を通じて交流のあった大森田（※後に2人は、スーパーファミコン用ソフト『モノポリー』の作曲およびプログラムを手掛けている）は証言している。作曲の仕事を始めてわずか数年しか経っていないのに、巨匠からも一目置かれるBGMを作り上げたのはすごいことだ。

また本作のメインＢＧＭは、「intro-A-B-A-B-C-intro-A-B-D-A-B-Fin」と１ループ１分を超える楽曲として成立しているところも、日本のゲーム音楽がポピュラー音楽化していく過程においては、非常に重要なことではないかと思われる。

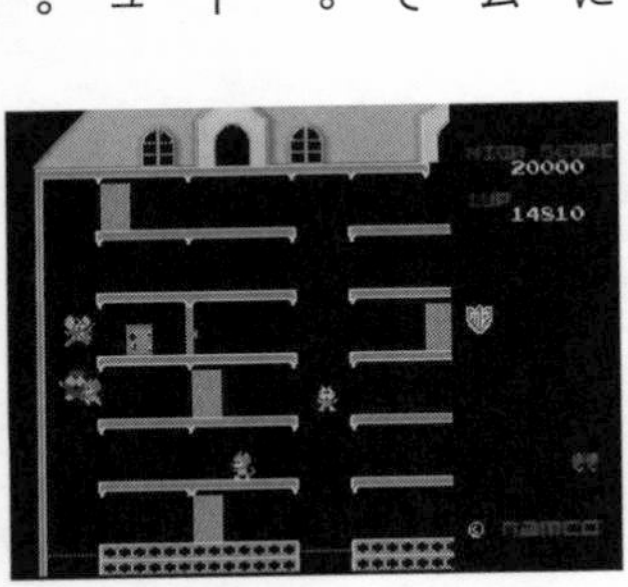

『マッピー』のゲーム画面
（※写真はプレイステーション版『ナムコミュージアムVOL.2』）

『マッピー』のチャレンジグステージのBGMには、一種の「タイマー機能」を盛り込むアイデアを大野木が創案したのも見逃せないポイントだ。本作のチャレンジステージには制限時間があり、タイムアップになると自動で終了するが、時間切れになるタイミングでちょうどBGMがピッタリ終了するよう、あらかじめ計算したうえで作られているのだ。曲自体のクオリティの高さに加え、音楽とゲーム本編の展開をシンクロさせることで、プレイヤーがより快適にゲームが遊べる工夫が盛り込まれた点でも、本作はゲーム音楽史上に残るタイトルであると断言したい。

本作では、ネームレジスト曲の演出にも大野木のこだわりが見て取れる。多くのアーケードゲームでは、プレイヤーが名前の入力を完了すると、ネームレジスト曲が1ループ後、または入力直後に強制的にストップし、タイトル画面に戻る仕組みになっている。

だが本作では、大野木がせっかく作った曲を、ぜひ最後まで聴かせたいとの思いがあったのであろう。筆者が調べたところ『マッピー』のネームレジストでは、入力が終了した直後にタイトル画面に戻さず、どのタイミングからでも曲の最後のフレーズに必ずジャンプして、最後の1小節まで演奏が終わってからタイトル画面に戻るプログラムが組んであるようだ。こんなところにも、自らの作品を最後まで聴いて楽しんでほしいという大野木のエンターティナーぶりが見て取れる。

田中は「大野木作品は、60～70年代のアメリカのポピュラーミュージック、カントリー、ジャズの影響を大きく受けている印象。ワールドミュージックも間違いなくお好きのはず」と評しているが、それは本作の曲を聴けば明らかだろう。また大森田によると、本作のメロディはバンジョーの音色を意識したもので、さらに歌詞が付くイメージを持ったうえで作曲したと生前の大野木が話していたという。

「大野木ワールド」の真骨頂
『リブルラブル』と『メトロクロス』

1983年にナムコが発売したアーケードゲーム『リブルラブル』は、2本のレバーで主人公キャラにあたるリブルとラブルを操作し、敵のキャラクターなどをラインで囲むと得点となる、ちょっと変わったアクションゲームだ。本作でも明るい性格の大野木らしい、思わず口ずさみたくなる軽快なメロディが流れ、プレイヤーが宝物を発見、あるいはボーナス得点を獲得したときなどに鳴る、達成感を大いに高めるSEも秀逸な作品だ。

本作の企画を担当した佐藤誠市によると、メインBGMは「中南米風の音楽で『花祭り』的なものを作ってほしい」と大野木にオーダーしたところ、イメージどおりの曲を作ってくれたので感激したという。「大野木君は、最初は『花祭り』の曲を知らなかったようですが、多分自分で調べたうえで作曲したのではないかと思います。さすがにプロだなと感心しました。SEを作る際も大野木君と一緒に考えましたが、面白い企画には面倒でも乗ってくれるようなところがありましたね」と佐藤は当時を振り返る。

本作の発売後、ラジオ番組『ラジオはアメリカン』を通じて、フラワー完成時のBGM（※ボーナスステージの曲）に歌詞が新たに作られ、同番組のCMタイム中に披露された。自社提供の番組とはいえ、ボーカル付きのCMソングが作られたという点でも、ことゲーム音楽というジャンルにおいては前代未聞のことだ。「リブルとラブルで囲もう、見付けてバシシ……」といった歌詞がわざわざ作られたのも、大野木の作曲によるメロディの素晴らしさに加え、ファン人気が非常に高かったからこそであろう。

1985年に発売された『メトロクロス』は、「傷だらけのランナー」こと主人公をレバーとジャンプボタンで操作して、制限時間内にゴール地点までたど

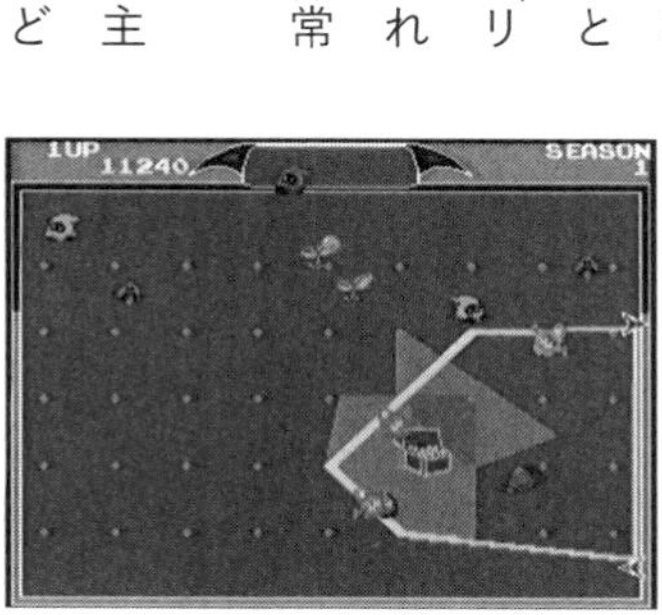

『リブルラブル』
（※写真はWii版）

り着けばステージクリアとなるアーケード用アクションゲームである。

本作でもプログラムと作曲を担当した大野木によるメインBGMは、軽快でありながらマイナー調を取り入れたことで、明るさの中に悲哀さも内包するイメージをプレイヤーに与え、同じく全ステージをクリアしたときに流れるエンディング曲も、どことなく悲哀さを感じさせる、実に個性的な曲になっている。本作の企画を担当した岡本達郎は、ハムスターのYouTubeライブ配信「アーケードアーカイバー メトロクロススペシャル」に出演した際に、当初は「哀愁が漂い過ぎていないかと思った」そうだが、本作がファンから高い評価を受けた要因のひとつが、ひと際プレイヤーの印象に残るBGMであったことは間違いないだろう。

本作からC30を使用して作曲をすることになった大野木だが、ハードの性能が向上したにもかかわらず、逆に一種の危機感を覚えていたようだ。前掲の『Beep』の記事で、大野木は以下のように述べている。

「僕らの頃なんて、音3つしかなかったんですよ。ベースがあって、メロディがあってオカズがあって、3音作ればよかったんですけど、今は8音、10音の世界でしょ。まずプログラマーでなきゃいけないわけで。で、もちろん曲も作

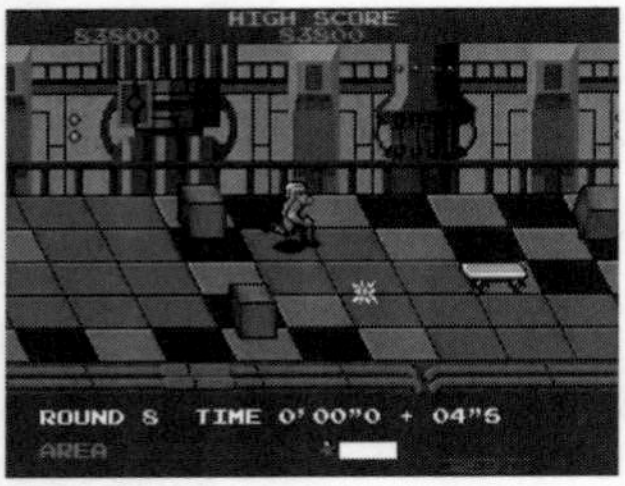

『メトロクロス』
（※写真はプレイステーション版『ナムコミュージアムVOL.5』）

るんだから作曲者じゃなければいけないし、なおかつアレンジャーでもないといけない。生半可なことでは生き残れない世界なんですよ」

また大野木は、ナムコを退社してゲームスタジオに移る間際に、ファミコン用ソフトの開発に使用するサウンドドライバを制作し、これに同じくゲームスタジオの設立メンバーとなった大森田が改良を加えたものが、合計9種類も作られた。小沢によると、実際に使われたのはそのうち1種類だけだったが、以後このドライバは社内で長らく使用されることとなり、後輩たちに素晴らしい「置き土産」を残す形で大野木はナムコを去った。

独立後も精力的にゲーム開発、作曲に尽力

遠藤らとゲームスタジオを設立した後も、大野木は『マッピー』の続編にあたる、ナムコのアーケード用アクションゲーム『ホッピングマッピー』をはじめ、バンダイから発売されたファミコン用ソフト『機動戦士Zガンダム ホットスクランブル』などの作曲を担当した。

1986年に発売された『ホッピングマッピー』は、おもちゃのホッピングに乗った主

人公のマッピーを操作して、ターゲット（得点アイテム）をすべて取るとステージクリアとなるアクションゲームで、『マッピー』と同様に大野木が作曲とプログラムを担当した。メインＢＧＭは前作と同様にカントリー調で、ボーナステージで流れるＢＧＭは、ポール・アンカの『ダイアナ』にインスパイアされたと思われる、これまた大野木らしい軽快な曲に仕上がっている。

『機動戦士Ζガンダム』は、Ζガンダムを操作して敵のモビルスーツなどを倒していくアクション、シューティングゲームである。ＢＧＭはアニメの原曲をほぼそのまま再現したものになっているので、大野木が作曲、または編曲したという事実は、エンディングで表示されるスタッフロールを見なければ、おそらく誰も気が付かないだろう。

翌１９８６年、大野木はゲームスタジオの兄弟会社にあたるデジタル・エンターテイメント・カンパニーに移籍し、代表取締役となった（※その後、同社は88年にサイトロン・アンド・アートに社名を変更し、大野木は取締役となり開発部門のトップに就任）。当時、同社の社員だった大堀康祐（現マトリックス代表取締役）は、自身が企画したファミコン、およびゲームボーイ用アクションパズルゲーム『サンリオカーニバル』の開発を担当した際に、「あの『ニューラリーX』で作曲をされた憧れの方と一緒に仕事ができて、しかも自分で考えたゲームの曲も鼻歌を歌いがなら作曲をして下さったので、とても嬉しかった」という。

移籍後も大野木は、アルファレコードやサイトロン・アンド・アートが制作、発売した数々のゲーム音楽アルバムでプロデューサーも務めた。アルバムの収録時は自身もスタジオに入り、レコード会社のスタッフと相談をしつつ、どうやってアーケードゲームの基板を機材につないで録音するのか、収録した曲を何回ループさせ、どの順番でつなぐのか、あるいは収録漏れのチェックなどを担当した。しかも驚くことに、大野木がプロデューサーを務めたアルバムはナムコ作品に限らず、他社の作品を収録したものも多数含まれているのだ。つまり大野木は作曲活動だけでなく、ゲーム音楽アルバムの制作ノウハウ確立と市場の発展にも絶大な貢献を果たしていたのである。

ところで、大野木はゲーム音楽をどのような考えで作曲し、どんな知見、ゲーム音楽観を持っていたのだろうか？　１９８６年にアルファレコードのバックアップを受けて結成された、有志によるゲーム音楽アルバムのファンクラブ「G.M.O.アソシエイツ」が発行していた会報『P.S.G.』に掲載されたインタビュー記事に、その一端を知ることができる貴重なコメントが残されている。以下、一部を引用してみよう。

・ゲームセンターでよく聞こえる為には、パワーのある矩形波がよい。
・昔は作曲者がゲーム内容とは関係なく好きで作れる為、ネーム入れの曲に一番力を入れて作っていた。しかしネーム入れの曲で1位と2位以下の曲が違うゲームでは、1位の曲を力入れて作曲しても、あまり聞いてもらえないという落とし穴があった。
・昔はBGMや作曲者は地位が低かったが、レコードが発売されてからは地位が向上した。
・ヘッドホンが主流になれば、BGMも変わるかもしれない。

正確な日時は不明だが、大野木は2004年頃にサイトロンを退社し、やがて地元の修善寺に戻った。大野木が生前、最後に作曲を担当したタイトルは、筆者が調べた限りではナムコのiモード対応携帯電話用ゲーム配信サイト『アプリキャロットナムコ』から、2005年11月に配信された『ホッピングマッピー』のようである。本作は、前述したアーケード版からの移植で、元ナムコの水野一実が社長を務めていたウィンドリームが開発を担当した縁もあり、携帯アプリ版では大野木の新曲が追加された。ただ残念なことに、携帯アプリ版はサービスを終了して久しく、現在までに移植版がまったく発売されていない(※元祖アーケード版からの移植は数例ある)ため、その音色を直接聴くことはできなくなってしまった。

厳密に言うと、大野木は２０１９年にコロンバスサークルが発売した音楽ゲーム『16ビットリズムランド』で、楽曲の一部を作曲している。ただし、本作はセガが１９８８年に発売した家庭用ゲーム機であるメガドライブ、およびその互換機用に開発されたもので、プラットフォーマーであるセガ非公認のソフトである。

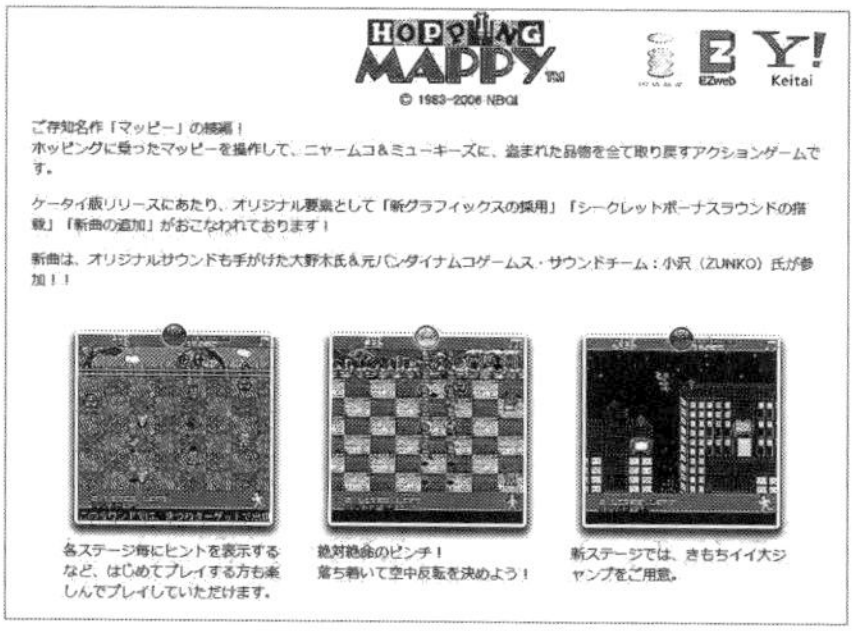

HOPPING MAPPY TM
EZweb
Y! Keitai
© 1983-2006 NBGI
ご存知名作「マッピー」の続編！
ホッピングに乗ったマッピーを操作して、ニャームコ＆ミューキーズに、盗まれた品物を全て取り戻すアクションゲームです。
ケータイ版リリースにあたり、オリジナル要素として「新グラフィックスの採用」「シークレットボーナスラウンドの搭載」「新曲の追加」がおこなわれております！
新曲は、オリジナルサウンドも手がけた大野木氏＆元バンダイナムコゲームス・サウンドチーム：小沢（ZUNKO）氏が参加！！
各ステージ毎にヒントを表示するなど、はじめてプレイする方も楽しんでプレイしていただけます。
絶対絶命のピンチ！
落ち着いて空中反転を決めよう！
新ステージでは、きもちイイ大ジャンプをご用意。

『ホッピングマッピー』を開発したウィンドリームのサイトより。大野木が参加したことが明記されている

第4章

ゲーム音楽専門コンポーザーの誕生

業界初、
音楽専攻の学生を新卒採用

ナムコが、おそらく全世界でもゲーム業界初となる、サウンドの仕事を任せる目的で音楽専攻の学生を新卒採用し、その結果として数々の名曲を世に送り出したことも、ゲームの歴史に残る大きな出来事だ。

ゲーム音楽専門職の採用第1号は、1981年4月に入社した慶野由利子だ。慶野は子供の頃からピアノとクラシックの作曲技法を学び、都立芸術高校（※現在の都立総合芸術高校）では作曲を専攻するとともに副科でバイオリンを習い、東京藝術大学音楽学部楽理科に進学後は民族音楽と日本音楽史を専攻し、長唄や雅楽などの邦楽やジャワ・ガムラン、カヤグム（韓国の箏）など日本とアジアの伝統音楽を中心に学んだ。母親の渡鏡子も東京音楽学校研究科（※現在の東京藝術大学大学院）を修了した作曲家、音楽評論・研究家で、幼い頃から母の手ほどきを受けて平仮名と音符の書き方をほぼ同時に覚えたという。

慶野はナムコ在職中に『ディグダグ』『ゼビウス』『ドラゴンバスター』など、大野木と同様に当時のアーケードゲームファンからの評価がとりわけ高い、錚々たるタイトルの作曲、サウンド制作を担当した。85年に一度退職するが、1986〜89年には契約社員として『パックマニア』『プロテニスワールドコート』などのアーケードゲームの作曲も手掛けた。現在はフリーの作曲家として、2023年発売のPC（Steam）用ゲーム『デンシライフ』の全サウンドを担当したほか、文化庁のプロジェクトによる日本とアジアの伝統楽器のための作品、映像インスタレーションとのコラボレーションなど、ジャンルに囚われない音創りで独自の創作活動を続けている。

慶野の藝大在学中は、彼女が所属する楽理科の学生にとって最も憧れの就職先はレコード会社と放送局であった。慶野も某外資系のレコード会社を受験したが「もう業界は過飽和で、藝大の楽理科を出た方に事務をしてもらうわけにもいかない」と言われたという。その後、それまで存在すら知らなかったナムコの求人を見て応募、面接を受け「この会社は、私を音楽家として認めてくれる」ことに心を動かされて、レコード会社よりも面白そうだと思ったことで入社を決めた。

ナムコが音楽の専門職の採用を決めたきっかけは、前述の任意波形発生回路を開発、実用化する優れた技術で他社に抜きん出ていたことに『ギャラクシアン』の大ヒットが重なり「『この辺りで音楽の専門職を採用しよう』ということになって、東京藝術大学に求人を出した」と、慶野は入社後に大野木から聞いたとのこと。ゲーム音楽の重要性にいち早く気付き、将来に備えて専門職を採用したことは、今さらではあるが称賛されてしかるべきだろう。また田中によると、ナムコが慶野を採用した少し後のタイミングで、アタリでもコンポーザーの採用を始めたとのことだが、本家アメリカより先んじていた点でも、専門職の採用は歴史に残る大英断であったと言える。

かつてのアーケードゲーム業界は、1978年に登場した『スペースインベーダー』の大ブームを機に、ゲームが遊びたいあまり恐喝や窃盗をする青少年が増えたこともあり「ゲームセンターは不良のたまり場」だとマスコミや行政、教育機関から袋叩きにされるなど、社会的地位が極めて低かった。中にはゲームをまったく遊んでいないにもかかわらず、ただゲームセンターの中に入ったり、自販機でジュースを買ったりしただけで補導された学生もいるほど、社会からは目の敵にされていた。

今となっては信じられないほど業界の社会的評価が低い時代にあって、ナムコでは人事課の社員が内定を出した学生の保護者宅にわざわざ出掛けて「弊社は健全です」などと説明することもあった。またオペレーター（ゲームセンターの経営者）の中には、名刺に「健全運営」などと書き込み、裏社会とは無縁であることを表明する者もいたのである。会社が長らく健全経営を続けていたことも、慶野のナムコ入社につながる一因になったように思えてならない。

慶野はビデオゲームを開発する部署である、開発部開発課第一電子開発係（※同年6月に開発部開発一課に改称）に配属された。当時の開発一課には13人が所属し、女性社員は慶野1人だけで課長以外は全員独身、係長は30歳で、ほかの社員はいずれも20代だった。オフィスは東京都大田区矢口のビルの4階にあったが、その所在は社外秘で、全社員に支給された手帳にすら書かれず、名刺には別の住所（※中央研究所の所在地）が書かれていた。また4階の入口にはパーテーションを設け、常時ドアの内側から鍵を掛けて情報漏洩を防いでいた。

慶野は入社前に、会社から、デザイン課に配属されると聞かされていたそうだ。今までいなかった音楽専門職をどこの部署に配属させるかについて、社内ではギリギリまで決めかねていたそうだが、結局ハード、ソフトの両方に精通するエンジニアばかりがそろった部署に、コンピューターに触れた経験がまったくない新人が「放り込まれた」（慶野）形になった。もっとも、当時は大学でコンピューターを専門に学ぶ電子工学科や情報工学科といった学科がまだ少ない時代で、プログラムやハード設計の開発職に就いた男性社員でさえ、ナムコ入社後にコンピューターの使い方を勉強するのも珍しくないことだった。

また、80年代の初期は一般企業のオフィスにはコンピューターがあまり普及しておらず、ビデオゲームの開発、販売をビジネスにしていたナムコであっても、コンピューターが1人1台ずつ用意される時代でもなかった。慶野は新人時代、ナムコで開発以外も含む全社員を対象に実施したコンピューターの勉強会に参加し、会社が学習用に用意した家庭用コンピューターを借りて、課内で余っていた白黒モニターを自宅に運んでもらい、簡単なプログラムを組むなどして勉強に励んだ。

慶野は、大野木からコンピューターへのデータ入力方法などを手取り足取り指導を受けた。『聞くは一時の恥、聞かぬは一生の恥』って本当だよ」と慶野にいつも言い聞かせ、周りにいる誰にでも、何でも質問しやすい環境を作るほど面倒見の良かった大野木は、サウンド制作用の「治具《じぐ》」を慶野のために準備していた。慶野によれば、治具はテーブル筐体型で、レバーとボタンを操作して数字や文字データを打ち込むと、音の音高と長さを入力する仕組みになっていた。1チャンネルのみであったが、データ入力後に再生コマンドを実行すると、入力したデータが再生できる便利な治具ではあったが、データ出力はできなかった。画面にはなぜか星が流れていたという。

この治具によって、実際にゲームの曲が作られることはなかったが、慶野は治具のおかげで「ビデオゲームの基板でどうやって音を鳴らすのか、こういうデータを書くと、こういう音が出るということを学ぶことができた」と振り返る。大野木は、音のデータの書き方と音を出すプログラムの書き方も指導した。慶野にとってはコンピューターのキーボード配列を一から覚えながらの勉強だった。さらに大野木は、画面上にキャラクターとオブジェクト（スプライト）を表示する基本的なプログラムの書き方なども慶野に指導した。

課内にはアイ電子測器製のＦＤＰＳ（Floppy Disk Programming System）が置かれていたが、その年のうちにヒューレット・パッカード製のＨＰ６４０００が導入された。以後、ＨＰ６４０００はナムコのビデオゲーム開発の主力機として活躍することになる。楽器は慶野が入社した時点でカシオトーン（※カシオの電子楽器第1号の『ＣＴ－２０１』と思われる）が1台あった。82年6月頃に移転した、同じ大田区内の大森にあったオフィスには、社員の席とは別のフロアに、コンピュータールームがあり、加えてサウンドルームも設けられていた。

サウンドルームには、カシオトーンのほかローランド製「SYSTEM-100M」のシンセサイザー一式、4トラックのカセットデッキとＴＥＡＣ製の8トラック8チャンネルのオープンリールデッキも置かれていた。シンセサイザーもオープンリールデッキもアナログ出力のため、技術研究にしか使えないものだったが、慶野はシンセサイザーで音を作って多重録音して遊んでいたそうだ。

慶野によると、あるときエレメカ開発を担当する開発二課で電子鍵盤楽器を試作した際に「社長の前で披露するから来てほしい」と言われて試奏したこともあったという。なお、この電子楽器は実用化されなかった。

ジングル、効果音を打ち込みで制作

慶野が最初に作曲、サウンド制作を手掛けたビデオゲームは、１９８２年に発売されたアーケード用アクションゲームの『ディグダグ』だった。本作は、主人公のディグダグを操作して、敵キャラクターにモリを当ててからポンプで膨らませてパンクさせるか、または頭上に岩石を落として倒していくアクションゲームである。

実は、慶野は本作よりも先に、１９８１年に発売されたパンチ力を測定するアーケード用エレメカゲーム『ノックダウン』でファンファーレの作曲を担当している。よって、慶野のナムコデビュー作はこちらとなる。本作は、慶野の所属ではない第二電子係で開発されたが、当時は第一電子係（後の開発一課）にしか音楽の専門職がいなかったため、先輩の大野木も含めてビデオゲーム以外の作曲を他部署から依頼されることもあった。

『ディグダグ』では、ディグダグが動いている間に軽快な曲が流れるので、これがBGMだと思われがちだが、ディグダグが静止すると同時に曲もストップするので、正確にはこの曲は歩行音である。企画担当者から渡された仕様書には「歩行音」と記されていたので、慶野は当初、効果音をいくつか試行錯誤していたが、大野木から「音楽にしてみたら」とのアドバイスを受けて、このような曲に作り上げた。コンピューターにまだ触れたばかりの新人なのに、リテイクを繰り返されてたいへんな苦労があったのではないかと思いきや、当の本人は「面白かった。日々楽しく挑戦していた」とのこと。任意波形発生回路という、今まで使ったことがない音作りの方法と向き合うことで、持ち前の好奇心、挑戦意欲が大いにわいたのだろう。

慶野は幼少期から、作曲には五線譜を用いていたが、ゲームのサウンド制作

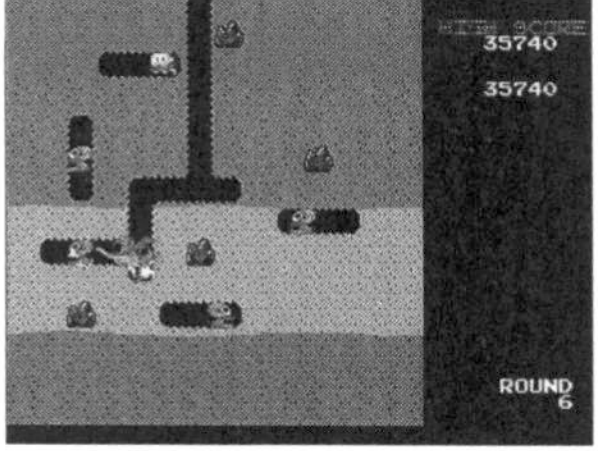

『ディグダグ』
（※プレイステーション版
『ナムコミュージアムVOL.3』より）

には五線譜を必ず使うとは限らなかった。慶野によると、仕事用に五線ノートを会社から買ってもらい、曲らしい曲を作る場合はこのノートを使うこともあったそうだが、短いジングルや効果音などは直接データを入力して作っていた。慶野は学生時代に音響学も学んでおり、そうした知識も利用してサウンド制作に臨んでいた。

例えば、本作に登場する敵キャラクターのファイガーは、しばしば口から火を吐いて攻撃を仕掛けてくるが、この「火吐き音」の作り方はWebサイト「バンダイナムコ知新「第8回　第1章 ナムコサウンドの足跡をたどる【後編】」慶野由利子氏、小沢純子氏、中潟憲雄氏、大久保博氏　インタビュー」に登場した慶野が以下のように説明している。

「ファイガー火吐き音では、『ゴォー』っていう、うんと低い音と、『ピキピキピキ』っていうんと高い音を重ねるという方法を用いました。低い基音の上に高い倍音を含んでいる音を表現したかったので」

慶野によると「60分の1秒単位で音高が変化する効果音を作ることもあるし、五線譜上で書き表せない音高を用いる場合もあるので、楽器を弾いて試しながら作るわけでもないし、そもそも五線譜では作りようがない」とのこと。後年、慶野が制作した効果音の楽譜が掲載されたゲーム雑誌や書籍がいくつも発売されたが、楽譜は「必要があって、後から書いた」のであり、制作時に書いた楽譜をそのまま掲載したわけではないのだ。

このように、当時の慶野の仕事は「曲を五線譜に書いて終わり」ではなく、自身がサウンドドライバを利用してコンピューターに音色や音符などの全データを入力する作業も含まれていた。つまり、当時のナムコ開発部開発一課という職場では作曲の技術に加え、コンピュータープログラムの知識、スキルの習得も必須だったのである。

慶野によれば、ナムコで最初に効果音を五線譜上で表現できる音で作ったのは大野木である。慶野自身は、大野木が作った曲のデータを直接見たことはなかったが、大野木から前述の治具を使って「分散和音を速く演奏すると、こんなふうに聴こえる」などと懇切丁寧な指導を受けたことで、効果音の基本的な作り方を学ぶことができた。同じく慶野によると、初期のナムコ作品で使用されたサウンドドライバで記述するデータのフォーマットは石村が作ったようである。慶野が「偉大だった」と称賛する、フォーマットの詳しい内容に興味がある読者は、前述のＷｅｂサイトのインタビューを参照されたい。

『ディグダグ』の次に、慶野が作曲、サウンド制作を担当したビデオゲームのタイトルは、１９８２年に発売された『パックマン』の後継作にあたる『スーパーパックマン』で、並行して同じく後継作の『パック＆パル』の作曲、サウンド制作も担当した。『スーパーパックマン』では、カスタムーCのC15が初めて導入された。『ディグダグ』は3チャンネルだったが、C15では8チャンネルに増えたことで、BGMと効果音を同時に鳴らすことができたのが「画期的だった」と慶野は証言している。

その後に開発されたC30では、8チャンネルのうち最大4チャンネルにノイズを割り当てることができた。C15の時代までは、ノイズはメインプログラムで操作するノイズジェネレーターという専用回路で爆発音の1種類のみを発音していたが、C30ではノイズをサウンドドライバで操作できるようになり、なおかつエンベロープも周波数帯域も自在に変化させることができた。さらにC30は、16チャンネルでの発音も可能であった。音質の面でやや不充分だったため、慶野は16チャンネルモードでは使用しなかったが、後にシステム基板導入後、FM音源に厚みを加える役割として活用されている。

慶野がC30を使用して最初に作曲、サウンド制作を担当したのは『ドラゴンバスター』である。本作は主人公の剣士クロービスを操作して、剣やファイヤーボールの魔法で敵を倒していく、1985年に登場したアーケード用アクションゲームだ。目の前にいる敵をただ倒

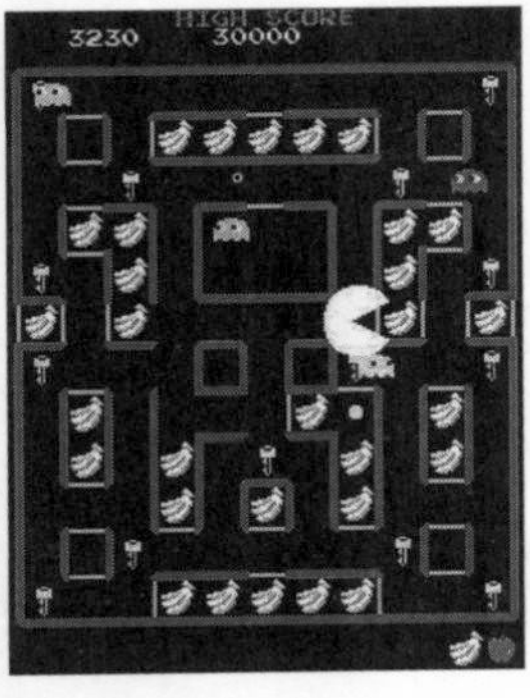

『スーパーパックマン』
(※写真はNintendo Switch版)

すだけでなく、ステージごとに異なるマップを探索し、ルームガーダーと呼ぶ強敵たちが隠し持つ、アイテムや隠された出口を探し出す戦略性の高さも相まって、本作は各地のゲームセンターで大人気を博した。ファンタジックな世界観を演出するビジュアル、サウンド両面でも、本作は多くのプレイヤーを魅了した。

本作で慶野は、楽音と同時にノイズも制御できて、周波数帯域も変えられるC30ならではの機能を生かし、さまざまな曲や効果音を作り出した。例えば、ボス敵のドラゴンが火を吹くときの効果音は、ノイズ2チャンネルを含む8チャンネルを使用して作られている。慶野はハムスターのYouTube配信「アーケードアーカイバー ディグダグスペシャル！」出演時に「『ディグダグ』から、たった2年でこんなに進化した生物があったでしょうか！ 『ドラゴンバスター』の中では、これが最高の会心の作」と語っている。

クロービスが剣を振ったときに鳴る効果音は、1チャンネルしか使っていないのに、ふたつの波形を合成したことで、プレイヤーの耳にはいろいろな音が重なり合っているように聴こえる技を駆使して作られている。また本作の4種類のBGMの旋律は、いずれも後半は共通の旋律のデータに飛ぶ、面白くかつ

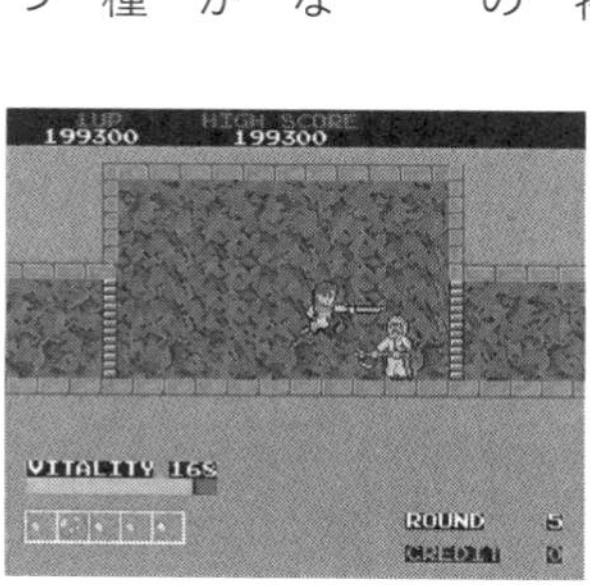

『ドラゴンバスター』
（※プレイステーション版
『ナムコミュージアムVOL.2』より）

非常に珍しいアイデアを取り入れている。慶野によると、このアイデアもC30のサウンドドライバだからこそ実現可能になったとのことだ。

当時のナムコでは、発音の優先度の指定はコンポーザーに任されていた。『ドラゴンバスター』は8チャンネルモードで作られたが、BGMは常にすべての音が鳴っているわけではなく、BGMよりも優先度を高くした効果音を鳴らす場合は、その都度BGMの一部または全部をマスクすることもあった。

例えば、クロービスのバイタリティ（体力）が残りわずかのときに鳴る警告音は、慶野の判断で「大事な音なので、誰も聞き逃さないように」BGMの8チャンネルすべてをマスクしてよく聴こえるように作るといった具合だ。プレイヤーがより快適に遊べるよう、発音の優先度を組み立てるのもゲーム音楽ならではの大事な仕事なのである。

同じく、慶野がC30を使用して作曲、サウンド制作したタイトルのひとつに、1984年に発売されたアーケード用アクションゲーム『パックランド』がある。本作は、主人公のパックマンを3個のボタンで操作し、ボタンを素早く連打するほどパックマンの移動速度やジャンプの高さがアップするのが特徴で、

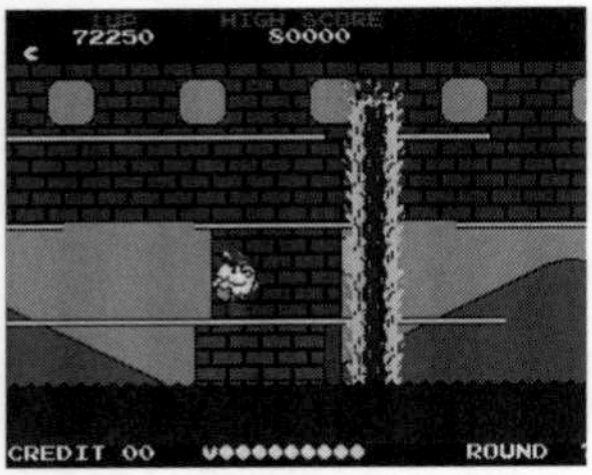

『パックランド』
（※プレイステーション版
『ナムコミュージアムVOL.4』より）

こちらも全国各地のゲームセンターで大人気を博した。

本作には、パックマンがジャンプしたり、得点アイテムを取ったり、あるいは敵が車やUFOに乗って移動するときなど、数多くのSEが使われている。プレイ中はBGMをずっと流し続け、なおかつすべての音が互いにマスクされることなく鳴るように8チャンネルの中で優先度を設定するのは「パズル的な面白さがあった」と慶野は振り返る。

ちなみに『パックランド』のメインBGMは、ハンナ・バーベラ制作によるTVアニメ番組『パックマン』の音楽を使うことが決まっており、先方から楽譜が送られてきたところで慶野がデータ化する段取りだったが、楽譜が到着しなかったため、慶野は耳コピーでデータ化した。本作の開発中は、慶野が実機でプレイしながら曲が意図したとおりに流れ、効果音が問題なく鳴るのをチェックするために、プログラマーの岸本好弘がわざわざ難易度を低く設定した「特別バージョン」を用意し、慶野が状況を把握できる配慮をしていたことも、今となっては驚くべき事実だろう。

慶野は、1985年に発売されたアーケード用アクションゲーム『バラデューク』でも、スイープやピッチベンドなど五線譜上では表現できない、C30ならではの音も多数使用して、不気味なデザインの敵キャラが次々と出現する本作の世界観にふさわしいジングルや効果音を作り上げた。本作のサウンドの詳しい内容は、2015年に日本デジタルゲーム学会がオーラル・ヒストリーの収集と公開を目的に開催した「バラデューク30周年トークイベント」に出演した慶野自身が解説している。現在でもYouTubeの「DiGRA JAPAN CHANNEL」で公開されているので、ぜひご覧いただければと思う。

後に遠藤は、2001年に発売された復刻盤のゲーム音楽アルバム『SUPER XEVIOUS（スーパーゼビウス）』（※オリジナルは1984年に発売）のライナーノーツに掲載されたインタビューにおいて「60分の1秒単位で、複雑なめちゃくちゃ音飛びのする、ぎゅっと凝縮された効果音を作ることによって音を引き立たせる。それを発明したのが、大野木さんや慶野さんだと思うんです」と評している。

以下、2023年に文化庁が開催した、ゲーム音楽をテーマにしたオンライン展示イベント『Ludo-Musica III』で公開された、バンダイナムコスタジオのサウンドディレクター、渡辺量が寄稿した『ディグダグ』からも一部引用する。現在、第一線で活躍するコンポーザーから見た、黎明期のコンポーザーが作り上げたBGMやSEをどう見ているのか、その一端がわかる貴重な文言であると言えよう。

「現代においては、収録波形やシンセサイズされた効果音の再生が主流となってはいるが、当時は容量の制限から効果音も全て『音程を入力（打ち込み）』する手法で制作されており、解釈によっては高速再生された『旋律』であったと言う事もできる。最初期にも関わらず『音楽と効果音の一体感』を、強く意識しながら制作がされていた時代であった事を再認識させられ、今の時代の作り手として身が引き締まる思いがすると共に、『よりゲームを面白く演出する』ための『ゲームならではの音楽体験』について考えさせられる」

ゲーム音楽市場の誕生にもつながった『ゼビウス』

慶野は入社2年目の1982年、同期の遠藤雅伸らとともに『ゼビウス』の開発に参加し、効果音も含むすべての曲を作曲した。『ゼビウス』は1983年1月にリリースされ、自機のソルバルウを操作して対空用のザッパー、対地用のブラスターの2種類の武器で敵を倒していく縦スクロールシューティングゲームで、広大なマップを舞台に豊富な敵キャラクターと戦える、当時としては斬新な作品で大人気を博した。

本作のメインBGMはメロディだけの1チャンネル、ほんの数秒で1ループする、いわゆるミニマル・ミュージック的な曲だったが、後に元YMOの細野晴臣がBGMのほか、各種ジングルやSEにも興味を示し、史上初の本格的なゲーム音楽アルバム『ビデオ・ゲーム・ミュージック』の発売、つまりゲーム音楽市場の形成にもつながった。よってゲーム音楽の歴史をたどるうえでは、本作は絶対に欠かせない存在なのである。

後に遠藤は、2001年に発売された復刻盤のゲーム音楽アルバム『スーパーゼビウス』（※オリジナル盤は1984年に発売）のライナーノーツに掲載されたインタビューにおいて「『ゼビウス』の効果音を付けるにあたって最重要視していたのは『そこに殺戮があってはならない』ってことでした。『殺し合い』から最も遠い位置にゲームのスタンスを取りたかったので、ああいうテイストに仕上げたんですね。もちろん優秀な高調波の使い手、慶野さんあってのことですけど」と証言している。

慶野と遠藤は同期で同部署、『ゼビウス』開発中の頃には、席が隣同士だったときもあり、その場で意見を交換したり、試しに聴いてもらったりして、密にやり取りをしながら、スタートミュージックも効果音も何もかも、すべて遠藤のリクエストに沿ったうえで作り込んでいった。結果、敵にザッパー（ショット）を当てて破壊すると「キャシッ」という甲高い効果音が、ザッパーが跳ね返されたときは「ピン」という金属に物が当たったかのような音が鳴り、慶野自身もお気に入りだという「シオナイト（※特定の場所で、ソルバルウに合体するキャラクター）」が合体後に飛び去るときには、言葉では容易に形容できない摩訶不思議な効果音が流れるなど、当時は他に類を見ない斬新な音が生みだされたのである。

本作のメインプログラムは、1インタラプト（※データを書き換えるタイミング）60分の1秒で作られたが、サウンド用に専用のCPUを搭載したことで、何と1インタラプト120分の1秒、つまり最小音価120分の1秒で作ることが可能になっていた。これを利用して、前述のシオナイトやザッパー発射音などの効果音は1音符が120分の1秒で、巨大浮遊要塞のアンドアジェネスが出現中の音は1音符120分の5秒で作られている。これほどまでに高速で鳴る音を作り上げる慶野の作曲技術と感性は、もはや超人の領域である。

ところで『ゼビウス』のBGMは、以前から「スティーヴ・ライヒの『ドラミング』にインスパイアされているのでは？」と指摘するファンが少なからずいるようだ。だが、筆者が確認したところ「当時はライヒのことをまだ知らなかった。ミニマル・ミュージックの存在自体は、在学中に知ってはいたけれども、ライヒの音楽は（C30の設計などを

『ゼビウス』
（※写真はNintendo Switch版）

担当した）村田君に教えてもらった」（慶野）とのことなので、本作のBGMは『ドラミング』の影響を受けて作られたものではないことも追記しておく。

また慶野は、1984年に発売されたアーケード用アクションゲーム『グロブダー』では、自機であるタンクのグロブダーの走行音の制作にあたり、プレイ中にその音を鳴らすためのプログラムも自ら作った。本作のネームレジスト曲には、繰り返しに入る直前の部分でベースラインに『ゼビウス』のBGMと同じメロディが用意されている。本作が『ゼビウス』のスピンオフタイトルであることから思い付いた慶野のアイデアで、これに気付いたプレイヤーが思わずニヤリとしてしまう、実に粋な演出である。

優秀なコンポーザーが続々と入社

1983年4月には、慶野に続く音楽の専門職として、武蔵野音楽大学器楽科でピアノを専攻していた小沢純子が入社した。小沢は入社試験の面接で「『ニューラリーX』が好き」と面接官に話しており、元々ゲーム音楽に興味があったうえでゲームメーカーに入社した最初の世代と言えるだろう。

小沢は『ギャプラス』『ドルアーガの塔』『トイポップ』『イシターの復活』『スカイキッド』などのアーケードゲームのほか『ファミリーテニス』『ファミリージョッキー』などのファミコン用ソフトも多数作曲するなど、ナムコの主力中の主力として長年にわたり活躍した。２００８年に退職後はフリーとなり、ピアノやクラシックコンサートに多数出演し、２０２０年に発売されたＰＣ（Steam）用アクションゲーム『スペースマウス2』など、引き続きゲーム音楽の作曲も手掛けている。

当時のナムコの新入社員は、男性は約半年間、女性はゴールデンウィーク辺りまでの営業研修があったが、小沢と同期の女性社員は営業研修後、開発一課でＣＡＤの研修も受けた。その後、大野木から「じゃあ、今度はゲーム画面に『JUNKO OZAWA』の文字を出してみよう」と言われ、『マッピー』の基板を利用してアセンブラで文字を表示させる方法からプログラムの基礎を学んでいった。

小沢が最初に作曲を担当したのは、アーケードゲームの『ギャプラス』である。本作は『ギャラクシアン』『ギャラガ』の流れをくむ、宇宙

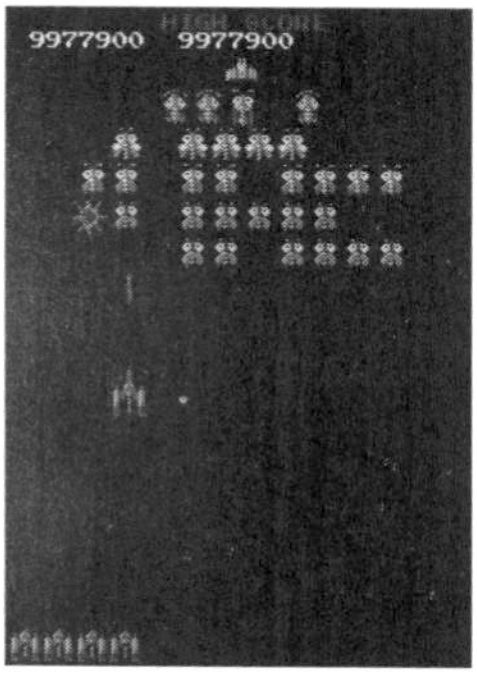

小沢のデビュー作となった『ギャプラス』

空間を舞台にしたシューティングゲームで1984年に発売された。

仕事を進めていくうちに「プログラムをちゃんと書けないと、自分で出したい音が出せない」との結論に至った小沢は、上司にプログラマー研修の参加を志願し「(ほかのプログラマーの妨げになる恐れがあるので)絶対に質問はするな」という条件付きではあったが、参加を許されたことで勉強に励んだ。あるとき小沢は、仕事は上司から言われたことだけをやればいいのか、それとも自分から進んで動くべきなのかで悩んでいると、遠藤のすぐ近くでぼそっと言ったら、遠藤が「勉強したけりゃ、自分でやればいいじゃん。わからないことがあったら、みんなに聞けば教えてくれるよ」と、Z80のアセンブラの本を手渡された。

この本を借りたことがきっかけで、小沢は本を読みつつ先輩たちに質問を繰り返しながら勉強したことで、仕事がさらに楽しくなった。そのきっかけを与えてくれた遠藤には、今でもたいへん感謝しているという。アセンブラに関しては、主に隣の席にいた『ドルアーガの塔』のプログラマーでもあった内藤智に教わり(※『ドルアーガの塔』のCPUはZ80ではなく6809を使っていた)、さらに入社3年目にはハード研修にも参加し、MIDIで音を鳴らせるハードを自作したこともあった。

小沢は入社するまでコンピューターに触れた経験は皆無で、当初はキーボードの操作もままならない状態であった。新人時代はキーボードの使い方を覚えるために、自宅にキーボードの配置をコピーした紙を持ち帰って勉強したこともあったが、HP64000のエディターがとても使いやすかったこともあり、作曲の仕事自体は「ストレスがなかった」そうだ。出来上がった波形データは、ROMに直接焼いたものと方眼紙に手書きしたものを記録していた。

新人時代の小沢は、大野木から「まずは自分で好きな曲を、1曲打ち込んで鳴らしてみて」と指示され、曲を完成させるまでに必要な一連の手順を理解した。その際に「『C、D、E、F』が『ド、レ、ミ、ファ』で『+』がオクターブの高さ」などと曲作りのアドバイスも受けていた。ほかにも大野木からは「クレジットやエクステンド音（※筆者注：主人公のストックが増えたときに鳴らす音）は、ちゃんと目立つ音にしてね。もし、お金を入れたときに何も鳴らなかったら不安になるでしょ」といった、ゲーム音楽ならではの技法も学んだ。同じく慶野からは、場面によってどの曲を鳴らす、または鳴らさないのか、SEも含めてどうやってゲーム全体の曲を組み立てるかのノウハウを伝授された。

『ギャプラス』で流れるすべての曲は、SEも含めてすべて小沢が作った。当時は1人のコンポーザーがSEも含めて全曲を担当するのはごく当たり前だったとのことだった。ショット発射音や命中音など、学生時代にまったく習ったことがないSEの制作技法を小沢はどうやって覚えたのか、筆者が尋ねると「試行錯誤の連続の末に作り上げたと」と、先輩の慶野と同様の答えが帰ってきた。

ほんの一瞬しか鳴らないひとつのSEを作るだけでも、数日間かけて作ることも普通にあったという。

本作のパーセク（ステージ）開始時に流れるジングルは、前述した『ギャラガ』のように同じメロディを複数のチャンネルに割り当て、それぞれのピッチをわずかにズラしてディレイを掛けることで、まるでエコーが掛かっているかのように心地よく聴こえる曲になっている。また、自機が一時的に無敵状態になり、飛行中の敵を捕まえて味方に引き入れることができる効果を持つ「ファランクスビーム」を発射中のSEも、プレイヤーを気持ち良くさせるためにボリュームを大きめに調整する工夫がなされている。

『ギャラプス』では、自機がやられたときに非常にリアルな爆発音が鳴るが、この音はノイズカスタムIC（C54）を利用して作られている（※『シューティングゲームサイド』の記事によると、このカスタムICは『ギャラガ』や『ゼビウス』などにも搭載されている）。

小沢は本作で爆発音を作る際に、大野木から「抵抗器をいくつか持って来て」と言われ、どうすれば最適な音になるのか、いろいろな抵抗値を試したうえで作り上げた。

また小沢は、本作のネームレジスト曲を2曲作った際に、1位の曲と2~5位の曲を、それぞれどちらにするのかを悩んでしまった。そこで大野木に相談したところ「どっちのほうが多く流れると思う？　聴いてもらいたいほうを2位以下に入れなよ。自分はそうしてる」とのアドバイスを受け、これを参考にして両曲の割り当てを決めたが、本人いわく「2曲とも気に入っていた」とのことだ。

『ギャプラス』の次に小沢が作曲を担当したのは『ドルアーガの塔』である。本作は、主人公の騎士ギルを操作して敵の魔物を倒しつつ、隠された宝箱の出現方法やアイテムの使用法などの謎を解き明かしていく、1984年に発売されたアーケード用アクションロールプレイングゲームで、当時の名うてのゲームマニアたちを夢中にさせた。

『ギャプラス』の曲は、大野木が作ったサウンドドライバを使用して作ったが、本作では何と小沢が自ら勉強して作ったサウンドドライバを使用して曲を書き上げた。本作でも、フロア（ステージ）開始時のジングルなどでは、同じメロディでピッチをズラして鳴らすことで、まるでオーケストラのように複数の人間が演奏しているかのような、とても厚みのある音を作り出している。ちなみに本作のネームレジスト曲は、小沢が研修中に作曲したもので、これを聴いた遠藤から「この曲にぴったりのゲームを作るから取っておいて」と言われた面白いエピソードもある。なお小沢は、後にゲームボーイ用のサウンドドライバも自作したが、このドライバは小沢以外のコンポーザーにも重宝された。つまり小沢は作曲に加え、曲を作るための開発環境作りにも大きく貢献していたのだ。

その後、慶野が退職してコンポーザーが一時的に小沢1人だけになり、多忙を極めたときには昼間に『イシターの復活』を、夜に『トイポップ』の両アーケードゲームの作曲を掛け持ちすることもあった。前者は『ドルアーガの塔』の続編となるアクションRPGで、後者は西洋童話をほうふつとさせるコミカルなキャラクターが登場するアクションゲームゆえ、それぞれまったく世界観が異なる。これらのタイトルを同時進行で、しかもファミコンのラインも既に動き出していたため「ナムコ時代に一番たいへんな時期だった」（小沢）状況で、作曲するタイトルを変える度に頭の中を切り替えるのは、素人考えでも至難の業であったと推察される。ところが小沢は「とりあえずこっちは置いといて、もうひとつ別に作っちゃおうか、みたいなやり方で作っていた。片方の曲がうまく作れると、また別のほうでも気分良

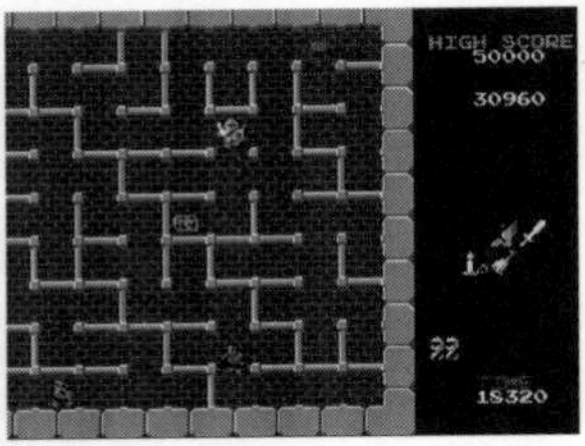

『ドルアーガの塔』
（※プレイステーション版
『ナムコミュージアムVOL.3』より）

くなって頑張れたりするので、作るゲームを変えることで気分転換にはなっていたのかな」というのだから、恐れ入るとかし言いようがない。

ナムコでもファミコン用ソフトの開発が本格的に始まると、大野木が開発し、大森田が改良を加えたファミコン用のサウンドドライバが使われるようになったが、小沢は自分が使いやすいように、ドライバにマイナーチェンジを加えたうえで曲を作っていた。小沢によると、プログラムについては大野木が作ったサウンドドライバを教科書代わりにして勉強したそうで「プログラムを見ながら、どうして大野木さんはこんな仕様が思い付くんだろう。天才だなあ……」と尊敬するばかりであったという。

「昔のビデオゲームは最大3チャンネルしか使えないし、プログラム容量の制約もあるからたいへんだ」とは、昔からよく言われる話である。だが小沢は、制約を感じるようなことは全然なかったという。「ピアノでは同時に8音も弾くことはないし、ピアノの曲を作っているんだと考えれば制約なんてないと思っていた。もっとも、ピアノを想定して作った曲は『トイポップ』ぐらいしかなかったけど」とのことで、学生時代にピアノを勉強していたことが大きな強みになっていたようだ。

小沢も慶野と同様に、純粋な作曲の技能だけでなく、コンピューターを使って曲を作るのであれば、その音を鳴らす原理や基本技術を理解していなければ良いものが作れないことを理解したうえで、ソフトとハード両方の知識と技術を意欲的に学んだことで、今後も永らく語り継がれるであろう名曲の数々が生まれたのである。また筆者の取材中に、小沢からは「私の場合は、ＢＧＭにＳＥが乗ったものが完成されたゲームサウンドと考えているので、ＢＧＭは『引き算』的な方法で作っている。だから、後になってアルバムに収録されたときにＢＧＭ単体で録音されてしまうと『主旨が違うかも？』と思うこともあった」との貴重な話も聞くことができたので、併せてここに紹介しておく。

他部署から助っ人としてやって来た「84年組」

①中潟憲雄

１９８４年には、ともに多くのナムコ作品で作曲を手掛けた中潟憲雄と川田宏行が入社した。アーケードゲームだけでなく、当時ナムコが参入したばかりのファミコンのほか、各種家庭用ゲームソフトの曲も数多く作った2人だが、中潟の最初の配属先はロボット開発などを行う事業課で、川田は企画職として開発企画課に配属された。ともに学生時代からバンド活動を行うなど、十分に音楽の素養と才能を持った2人が、当初はコンポーザーとしての採用ではなかったというのは今となっては驚きだ。

中潟は、ナムコ在職中に『バラデューク』『サンダーセプター』『源平討魔伝』『プロ野球ファミリースタジアム』『超絶倫人ベラボーマン』『未来忍者』などの作曲を手掛けた。中潟の両親は音楽の教師で、自身も3歳から10歳までピアノを習い、趣味でクラシックも聴いていた。幼い頃から冨田勲などのアニメ曲に興味を抱き、中学校のブラスバンド部ではトランペットやホルンを担当し、高校からはオーケストラ部やジャズ研究会に所属した。

大学に進学した中潟は、プログレバンド「AQUA POLIS」を結成してライブハウスを回っていたほか、映画研究会ではSF映画のサントラ制作も手掛け、ナムコの入社試験の際は劇伴やバンドのデモテープを持参し、入社後は音楽のほかに映画やアニメも作ってみたいと会社に希望を出していた。現在はフリーの作曲家として、近年では『アリス・ギア・アイギス』や『Fit Boxing 北斗の拳 お前はもう痩せている』などの作品に楽曲を提供したほか、特別支援学級の児童指導員としても活躍している。

中潟は入社後の約1年間、ロボットバンド『PiCPAC〈ピクパク〉』の開発に携わり、シナリオや音楽の制作のほか、声優を手配してボイスの収録などを担当した。なお『PiCPAC』

の演奏曲のうち、メインテーマ曲『ピクパクのテーマ』はシンガーソングライターの大貫妙子が作詞作曲を、『ロボットマーチ』は作詞をEPO、作曲を清水信之が手掛けた。ちなみに『PiCPAC』をCG化した再現映像は、1996年に発売されたプレイステーション用ソフト『ナムコミュージアムVOL．4』に収録されている。

中潟が本格的にビデオゲームの作曲を始めたきっかけは、入社2年目の春に慶野が退職してコンポーザーが小沢ただ1人となり、さらにファミコン市場に参入したことで開発ラインが一気に増えたため、人手が足りなくなったことから開発一課に異動が決まったことである。異動直後から、小沢と2人ではとても対応し切れないほどラインが動いていたので、同期の川田や、ドット絵制作のアルバイトをしていた細江慎治（※後に正社員となりコンポーザーとして長らく活躍。現在はスーパースィープ代表取締役）もサウンド制作、作曲スタッフに加わったが、それでも多忙を極めたため、職場に寝袋を持ち込んで連日泊まり込みをする生活が久しく続いた。コンポーザーが大忙しになった理由を、中潟は「当時は上司、会社が音楽制作の工数を把握し切れていなかったからではないか」と推測する。

最初に中潟が手掛けたのは、直前まで慶野が担当していた『バラデューク』を引き継ぐ形で作ったゲームオープニング、エンディング、ネームレジストの3曲であった。中潟は、シンセサイザーを演奏した経験はあったものの、ＰＣは持っていなかったこともあり、本作の曲を完成させるまでにはたいへんな苦労を強いられた。ＨＰ６４０００を使用した、ナムコ独自のサウンドドライバによる16進数の打ち込みによる曲作りは、中潟にとってはまさに未知の世界で「16進数でデータを打ち込まなくてはいけないなんて。しかも、締め切りが目前に迫っているのに……」と愕然とした。しかも、小沢も多忙を極めており頼ることができず、ひと通りのガイダンスを受けた後は自力で進めるしかなかったという。

そこで中潟は、慶野がすでに作った本作の曲やＳＥのデータを解析し「こうやって作ると、こんな音が出るのか」と少しずつ理解を深めるところから始めた。曲作りの途中で、16チャンネルをフルに使用すると音質が下がることに気付いて8チャンネルモードで修正するなどの苦労も強いられたが、自分なりに試行錯誤を繰り返しながら残りの曲を作り上げた。また中潟は一時期、音色を研究するため、大野木の曲もダンプリストを取り出して解析したこともあったそうだ。

当時の中潟は、職場にあった機材に加え私物のシンセサイザーも職場に持ち込んで曲を作っていた。曲ができたら、ＨＰ６４０００の席が空いたのを見計らってすかさずデータを打ち込んでＥＰＲＯＭに書き込み、これを基板に挿して試聴しては、データを消してまた作り直す作業を、毎日何十回も繰り返して曲を完成させていった。

「作曲の仕事は、音を聴きながら微調整を繰り返す必要があるので、仕事を続けているうちに『EPROMタコ』が指にできていた。しかも、作曲の仕事が回って来るのはいつも最後の締め切り間際で、1人で3つも4つも同時にラインを回していたので本当につらかった」と中潟は振り返る。曲のイメージを思い付くには、実際のゲーム画面を見なければ難しいので、どうしても開発工程の終盤にならないと本格的に作曲ができない事情があったとはいえ、たいへんな苦労があったことだろう。なおEPROMにデータを書き込む作業は、後にRS-232Cでデータ転送ができるシステムが導入されてからはなくなったそうだ。

『バラデューク』の次に、中潟が曲やSE全般の作曲を担当したアーケードゲームは、1985年に発売された『モトス』である。本作は宇宙空間を舞台に、自機のモータースパナーを操作して、敵キャラクターに体当たりしてフィールド外に叩き落としていく「おしくらまんじゅう」のようなユニークなアクションゲームである。本作では、中潟がC30の使い方に慣れたことで「新しい試みに挑戦したい」と、ラヴェルの『ボレロ』に感銘を受けた経験と、ストラヴィンスキーの曲も含めた独特の和声の手法を取り入れた壮大なものが作れないかと、カスタムーCで実現できる範囲で構想を練ったうえで曲を作り上げた。

ナムコ時代の中潟の代表作のひとつが、1986年に発売された、第2章でも紹介したアーケード用アクションゲーム『源平討魔伝』になるだろう。本作と、本作よりも先に開発が進んでいたアーケード用シューティングゲーム『サンダーセプター』の両タイトルで、中潟は初めてFM音源を使用して作曲した。

『源平討魔伝』で中潟は、音楽の造詣も深い開発スタッフの協力を受けながら、FM音源を駆使して箏や琵琶、尺八などの和楽器の音色を作り上げた。そして「映画音楽的なものが作りたいと思っていた。当時、世界でこんなことをやっていたのは私だけでしょう」(中潟)という構想のもと、和の旋律とロックを融合させた斬新な曲を作り上げた。和楽器の音色は、ヤマハから入手したサンプルの音色を参考にエディットしながら完成させたが、サンプル以外にも中潟が子供の頃に聴いていた、父親が持っていたレコード『日本の楽器と音楽』がとても参考になったそうだ。

さらに本作のクレジット音は、中潟のアイデアでカラスの鳴き声をイメージした独創的なジングルとなっている(※このクレジット音は、そのまま『サン

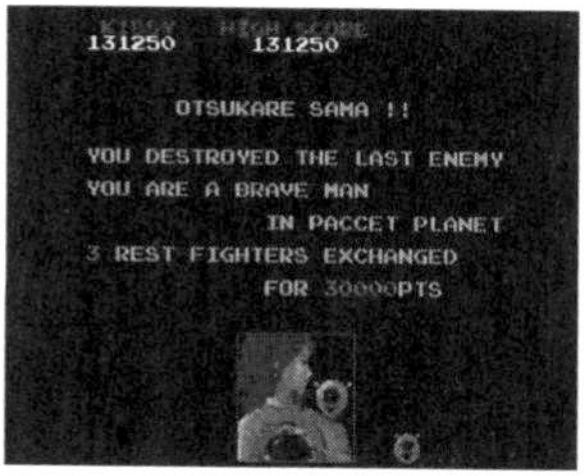

『バラデューク』のエンディング画面
(※写真はプレイステーション版
『ナムコミュージアムVOL.5』)

ダーセプター』にも使われた）。クレジット音はC30を使用し、慶野から伝授された1／60秒単位で音をたくさん重ねて制御する技法を参考にして作ったもので、今でも中潟はお気に入りだという。また本作の曲は、ゲームのリリースに先駆けて1986年にビクターから発売されたゲーム音楽アルバム『ビデオ・ゲーム・グラフィティ』に収録されたが、中潟は本アルバムのレコーディング終了後、最初に上司の石村に聴いてもらったところ「とても喜んでいただけたので嬉しかった」と振り返る。

1986年に発売された『サンダーセプター』は疑似3Dシューティングゲームで、同年に発売された続編の『3DサンダーセプターII』では、新たに3Dスコープが設けられ、より立体感のある迫力の3DCGが楽しめるのが特徴であった。本作でも中潟はプリセットの音色は使わず、試行錯誤しながら3か月程の時間を掛けてサウンドを完成させている。中潟によると「ジャズ的コードワークや分数コードなどを使い、宇宙の広がりや浮遊感を演出している。筐体で真ん中、左右にパンが振れる仕様になっていたことが、サウンドに立体感を与えた。唯一、ネームレジスト曲が途中で終わってしまうのが心残りだった」という。

また中潟は、ハムスターのYouTube配信『アーケードアーカイバー 3Dサンダーセプター＝スペシャル！』に出演した際に、ゲーム音楽の難しさは、短い曲を何度もループさせるため、同じフレーズが続くとプレイヤーにすぐに飽きられてしまうことであると述べている。そこで中潟は、どうやって短くてもプレイヤーが飽きない曲が作れるのかと突き詰めた結果、転調を使うことに思い至った。途中で転調してから曲の頭に戻ると、毎回新鮮な気持ちで曲が聴けることに気付いたことで、中潟は本作以外のタイトルでも転調を何度も取り入れ、短い尺の中でもなるべく起承転結をつけて、曲の完成度を高めるように努めていたと同番組内で証言している。「本作での仕事を通じ、ゲーム音楽の基礎になるようなものが作れたと思う」と、自身の体験を元にゲーム音楽とはどうあるべきか、その要諦を端的に表した中潟の配信を通じた証言は、極めて重要なものに思えてならない。

さらに驚くことに、2022年にハムスターがNintendo Switchとプレイステーション4用に配信された本作の移植版には、中潟作曲の新曲「Certain VICtory」が新たに収録されている。中潟は、2021年に開催されたバンダイナムコエンターテインメントのオンラインイベント「アソビストアＥＸＰＯ」に出演した際に「もし、移植するときは1曲書く」と宣言しており、まさに有言実行を果たしたことになる。本人いわく「本当は（続編の）『3Dサンダーセプター＝』で曲を追加する予定だったが、ほかのプロジェクトと並行して多忙だったため実現できなかった」そうだ。

　1988年に発売されたアーケード用アクションゲーム『未来忍者』の作曲も中潟が担当した。本作は、サイボーグ忍者の白怒火を操作して敵を倒していく、文字どおり近未来のサイバー空間を舞台にしたアーケード用アクションゲームであるが、こちらは『源平討魔伝』の古典的な和風ティストとは打って変わって、和風ながらも現代に寄せた曲がそろっている。本作では、PCM音源によるサンプリングを駆使したことで、ゲームではない通常の音楽を作曲するときと同様に「サンプラーを使って、シークエンサーで鳴らすことがゲームでもできるようなった」と中潟は初めて実感することができた。

『未来忍者』は、ゲームに先駆けてイラストレーター・造形作家の雨宮慶太が監督を、製作総指揮を社長の中村自らが務めた映画（ビデオ）を制作するメディアミックスを実施し、中潟も映画版の作曲に参加した（※映画版は太田浩一、ゲーム版は石井悦夫との合作）。また、同年にサイトロン・アンド・アートが制作し、ポニーキャニオンから発売されたアルバム『未来忍者・慶雲機忍者外伝 G.S.M NAMCO 1』には、映画版とアーケードゲーム版双方の曲が収録された点でも、本作はゲーム音楽の歴史に残るタイトルであると言えよう。ジャケットのデザイ

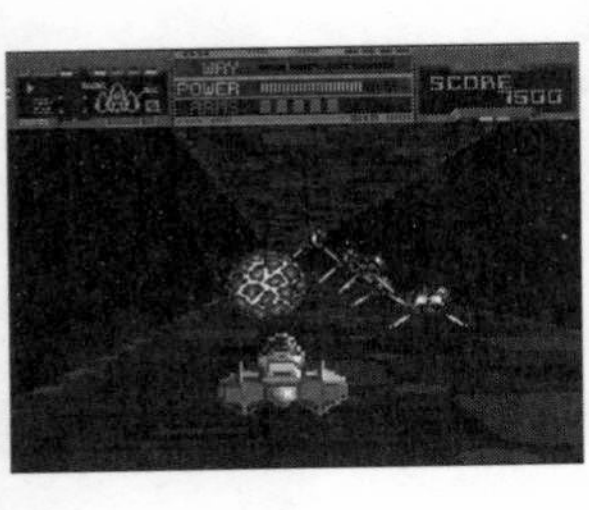

『サンダーセプター』
（※写真はNintendo Switch版）

ンも雨宮が担当し、さらにライナーノーツにはアーケード版のディレクターを務めた大野木と、中潟による「新旧ナムコ音楽屋対談」も掲載され「完成度の高い」（中潟）と自負するアルバムが出来上がった。

ゲームの範疇を超え、映画音楽のコンポーザーとしても活躍できることを証明した中潟の仕事ぶりも歴史に残る偉業であろう。

他部署から助っ人としてやって来た「84年組」

②川田宏行

川田は開発企画課でプロモーションビデオのサウンド制作を担当していた実績を買われ、当時所属していた企画チームが開発していたファミコン用ソフト『スターラスター』や『ワルキューレの冒険』の作曲を任されたのを機に、やがてコンポーザー専業になり、『妖怪道中記』『ワルキューレの伝説』『ウイニングラン』などのアーケードゲームや、かつてナムコが東京の二子玉川で運営していたテーマパーク「ナムコ・ワンダーエッグ」の会場内で流された曲などの作曲も手掛けた。

『未来忍者』
（※写真はNintendo Switch版）

その後も2015年に退職するまで、携帯電話用の着信メロディやゲーム音楽の開発チームリーダーも務めるなど長きにわたって活躍したが、川田は入社した当時は「ゲーム音楽で食べていけるとは、そもそも思っていなかった。ゲーム音楽があれほどメジャーになるとは思っていなかった」という。現在の川田はフリーの作曲家として活動中で、近年では『大乱闘スマッシュブラザーズSPECIAL』や『アリス・ギア・アイギス』『コットン リブート!』などの作品に曲を提供した。

4歳から中学生までクラシックピアノを習っていた川田は、中学生の頃にザ・ビートルズの映画『レット・イット・ビー』を見て「音楽からはみ出したような面白さ」を教えてもらい、変わったものや面白い試みに惹かれるようになり、冨田勲にも大きな影響を受けたという。高校時代はコルグのシンセサイザーを購入し、コピーバンドでキーボードを担当したり、ヤマハ主催のバンドコンテストのようなイベントにも定期的に参加したりもしていた。

文系出身ながら、趣味でサンプラーに16進数での打ち込みをしていた経験があった川田は、当初からサウンドドライバを使用したデータの作成にはそれほど抵抗はなかった。早い時期からシンセサイザーで音色を研究しつつFM音源の使い方も覚え、またエマーソン・レイク・アンド・パーマーの攻撃的なシンセサイザーの使用法が、後の仕事に役立ったという。

川田が最初に作曲を担当したのは、1985年に発売されたファミコン用ソフト『スターラスター』である。本作は疑似3Dで描かれた宇宙空間を舞台に、自軍の惑星を守りながら敵と戦う、アドベンチャーの要素も盛り込んだシューティングゲームで、プレイヤーは戦闘機のコックピットに座ったパイロットと同じ視点で敵機との戦いが楽しめるのが魅力となっていた。ナムコでは、ファミコンに参入当初からいっぺんに多くのラインが動き始めたため、とにかく人手が足りなかった。川田は実務を覚えるにあたり、サウンドドライバなど機材の使い方は小沢に教わったが、大野木や慶野、小沢からゲーム音楽の作曲技法を直接教わることはまったくなかったそうだ。

『スターラスター』にはインゲームミュージックがなく、曲らしい曲はゲームスタートとゲームオーバー時のジングルとエンディングテーマぐらいしか存在しない。本作において川田は『スターラスター』では、音楽というよりは演出のほうが大事だと思った。音楽自体を付ける、付けないの判断が重要だと考えたので、所々に音楽を入れた効果的な演出ができるようにした。元々自分は企画職で、企画の段階からどんな音が必要なのか、自分で演出も考えていたので」とのことだった。また川田は「ファミコンは3音までしか出せず、過去に経験のない制約があったのでつらかった。鳴らせる音が少ない中で、どうすればいいのかを研究しながら作っていたが、結局は制約があってもなんだかんだで楽しめた。ファミコンではその性能上、音色を自由にいじれず、せいぜい矩形波の幅を変えられる程度であったが、その中でもいかにバラエティを出すかが重要だった」と、ファミコン用ソフトを開発していた当時の思い出を振り返る。

ナムコに入社するまで、川田はＳＥの制作経験はもちろんなかった。部内で勉強会を開くことも特になく、基本的には個人で考えて作る環境だったそうだが、川田によれば「個人で考えること」がとても重要だという。自分自身で「やらざるを得ない」状況だったことで、自分がイメージして作りたいなと思った音色は、とにかく試行錯誤を繰り返し「出すまでやる、出るまでやる」の方針で、まずは自分の頭の中の引き出しに元々あったものからもどんどん作っていったとのこと。やはりここでも、キーワードは「試行錯誤」であった。

当時の川田が「厄介だった」と振り返るのは、試作した曲を流すときにはデータを一度ＥＰＲＯＭに焼いてから、音楽用のテストプログラムが載った実機（※

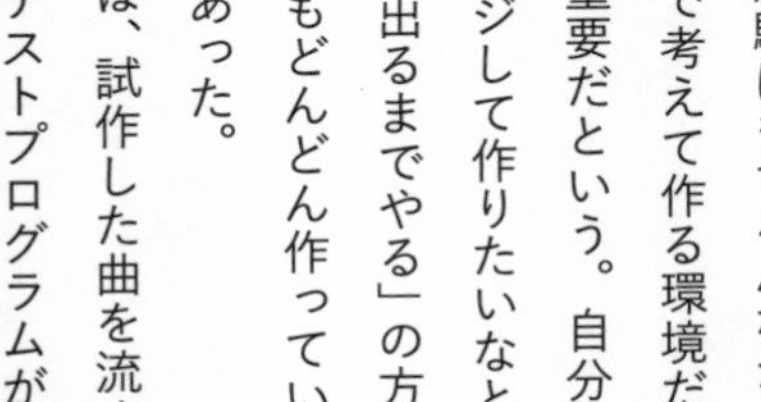

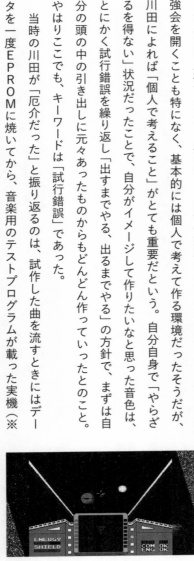

『スターラスター』
（※Nintendo Switch版
『ナムコットコレクション』より）

ファミコンの場合はシャープのC1）にROMをセットしたうえでチェックする必要があったことだ。この方法では、頭の中にイメージが浮かんだフレーズや音色を打ち込んでから、実際に鳴らすまでの間に数分のタイムラグがどうしても発生するため、その間にイメージしていたことを忘れてしまうことがあったという。ちなみに川田は、作曲を始める前に企画の担当者と話し合ったうえで、どんな音が必要なのかを先に考えてから実務に入るスタイルで、このやり方はナムコを退社するまでずっと一貫していたそうだ。

１９８６年に発売された『妖怪道中記』の曲は、川田の代表作と言っても過言ではないだろう。本作は地獄を舞台に、主人公の「たろすけ」を操作して敵の妖怪たちを倒していくアーケード用アクションゲームで、敵も含めてコミカルなキャラクターが登場するのが特徴だ。

最初に川田は、企画担当の水野一実から「暗くて重い曲にするのはやめて、楽しくホンワカするような曲を作ってほしい」との要望を受け、まずはSEの制作から着手した。クレジット音はキャッチーに、PCM音源も駆使してユーモラスにしようと考えて作り込み、たろすけがジャンプしたり、敵の爆発音やカエルの鳴き声などもプレイヤーの印象に残り、かつコミカルになることを意識しながら書き上げた。川田によると、当時はBGMよりも先にSEから作ることが多く、試作したSEは企画担当の水野一実にこまめに聴かせて「よし、これでいこう。手応えありだ」などと言ってもらって感触を確かめながら調整していったとのことだ。

本作ではFM音源を使用したうえで、川田はどうすればBGMにもコミカルな世界観が出せるかと思案した結果「和風のテイストと、テクノポップを融合し、オリエンタルみたいなものを電子音にしたら明るくなるのでは」と思い付き、その結果として唯一無二の個性あふれる曲が誕生した。アーケードゲームの作曲は本作が初めてだったが「作っていて楽しかった」（川田）と当時の思い出を振り返ってくれた。

ナムコでは、『妖怪道中記』が発売されたのとほぼ同時期に、ヘッドフォン端子とボリュームを標準搭載した新型のアーケード用ビデオゲーム筐体「コンソレット」を開発し、主に直営店で稼働させていた。この筐体を使用して、『妖怪道中記』をはじめとする数々のナムコ作品が稼働し、プレイヤーがBGMをより聴きやすく、しかもステレオ出力で楽しめるようにしたことも、ゲーム音楽ファンの拡大に少なからず貢献したと思われる。

多くのナムコゲーム音楽ファンが、『妖怪道中記』とともに川田の代表作に挙げるタイトルのひとつが、おそらく『ワルキューレの伝説』であろう。本作は1989年に発売された、ヒロインの剣士ワルキューレを操作して敵と戦うアクションゲームだ。ファンタジックな世界観が特徴で、同じヒロインが登場する１９８６年に発売されたファミコン用ロールプレイングゲーム『ワルキューレの冒険』よりもシンフォニックな曲になっており、とりわけメインテーマ（１面前半のＢＧＭ）は、ただ聴いているだけもテンションが上がるまさに名曲で、多くのゲームファンから高い評価を得た。

本作の曲の素晴らしさは、プレイヤーをますますゲームに夢中にさせたことに加え、同年にビクターから発売された、本作の曲を収録したアルバム『ナムコゲームサウンドエクスプレスＶＯＬ．１』の人気でも証明されている。なぜなら本アルバムは、一時期『オリコン』の上位にランクインするほどのヒット作となったからだ。ゲーム音楽アルバムが、しかも単独タイトルで作られたアルバムがこれほどまでに売れたのは、まさに快挙としか言いようがない。さらに１９９３年には、同じくビクターからスロヴァキア・フィルハーモニー管弦楽団の演奏によるオーケストラアレンジによるアルバム『Walkure Story FOR ORCHESTRA: 交響詩ワルキューレストーリー』が発売されたのをはじめ、現在までに何度もゲーム音楽関連のコンサート、あるいはライブでアレンジ曲が披露されていることも特筆に値

『妖怪道中記』
（※写真はNintendo Switch版）

する。

　現在では、ゲームの続編やリメイク作品がひんぱんに開発、発売されているが、まだそれほど多くの続編タイトルが誕生していない時代にあって、1987年に発売された『ギャラガ』の続編にあたるアーケード用シューティングゲーム『ギャラガ'88』での川田の作曲体験談も非常に興味深いものがある。

　川田は本作の作曲にあたり「オリジナルの『ギャラガ』の良さはそのままに、FM音源を使用した『ギャラガ'88』では、より進化したことを示す必要があったのでたいへんだった。基板にはFM音源以外だけでなく、C30とPCM音源も載っていたのでバランス調整にも苦労した」と証言している。本作のチャレンジングステージでは、敵キャラクターの動きとBGMとが見事にシンクロするアイデアが取り入れられているが、こちらは曲を作った後に、プログラマーが敵の動きを合わせる形で完成させたそうだ。

　作曲中は苦労したものの、川田はC30やFM音源で自作した音色は、当時のシンセサイザーでも出せない音が出せることもあり、非常に魅力を感じていたという。ただしC30については、ただ音符のデータを打ち込むだけでは良い音

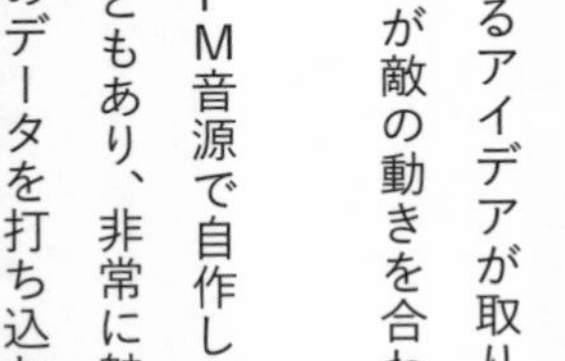

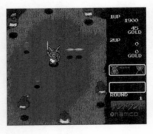

『ワルキューレの伝説』
（※写真はプレイステーション版
『ナムコミュージアムVOL.5』）

色にならない「落とし穴があった」（川田）ことが途中でわかったので、自身で試行錯誤を繰り返しながら、時には「ナルホド、こうやってやるのか」と別のコンポーザーが作ったデータを見ながら作り方を学んでいった。

また川田によると、C30の音は素晴らしいが、音源だけでなくオペアンプや筐体のアンプとスピーカーによって音が変わることがあるため、最終的には筐体のスピーカーから出ている音が「そのゲームの音」になるので、そこを考えながら作ることを常に意識していた。「アーケードのゲーム音楽は、筐体からいい音が出てナンボの世界」（川田）というのが川田の持論である。

1990年に発売された、『妖怪道中記』の主人公、たろすけを模した顔の選手が登場するアーケード用野球ゲーム『球界道中記』の作曲も川田が手掛けている。本作はキャラクターデザインがコミカルなこともあり、ボールを打ったりキャッチしたときのSEもコミカルテイストに仕上げ、BGMは登場するチームごとに豊かなバリエーションが出るようなスタンスで作られた。

本作の家庭用への移植は、1993年に発売されたメガドライブ版のみということもあり、お世辞にも知名度は高いとは言えない。しかし、本作のゲーム開始または試合終了のときに流れる曲は、フジテレビの番組『プロ野球珍プレー好プレー大賞』で何度も使われたこともあり、たとえ本作の存在を知らなくても、この曲だけは聞き覚えのある人も少なくないハズだ。当の川田も「こんな使い方があるのか……」と最初はびっくりしたそうだ。

また1991年に発売された、実車に似せた大型筐体を使用したアーケード用レースゲーム『ドライバーズアイ』用に川田が作った曲が、後に別のバラエティ番組でも使われて「ひっくり返った」こともあったという。筆者も90年代に、番組名は忘れたが『ワルキューレの伝説』の曲やジングルがニュースやバラエティ番組に何度も使われているのを聴いた記憶がある。どうやら川田の曲は、テレビやイベント用のアイキャッチとも相性がすこぶる良いようだ。

筆者の取材で、最後に長らくナムコの看板コンポーザーのひとりとして活躍した川田に「ナムコ時代の仕事を総括して下さい」とお願いしたところ、以下のような素晴らしいコメントをいただいた。

「ただ会社から『作れ』と言われたわけではなく、みんながそれぞれウィルマインドの精神で作りたいものを作り、やりたいことをやり切ったことが結果につながった。『そんなうまい話があったのか?』と思われるかも

『ギャラガ'88』
（※写真はWii版）

しれないけど、ナムコという会社にはそれが確かにあった。欲しい機材や資料はどんどん買ってもらえたし、いつも学祭みたいな雰囲気で作る人を大切にする社風があり、虐げられた記憶がまったくない、とてもいい環境で作らせてもらえた。

優秀なプログラマーが揃い、私から『こんなものが作れないか?』と頼むと、すぐに作ってもらえて、しかも音楽の話が通じる人も多かったので、すごくありがたかった。ファミコン参入後は、ファミコンとアーケードの掛け持ちが当たり前で、さらにPCエンジンやメガドライブなどにも参入したので、とにかく忙しかった。趣味でやっていた音楽を、仕事として勝負できるとは思っていなかったけど、なるようになるものですね」

FM音源の普及がもたらしたパラダイムシフト

80年代の後半になると、ゲーム業界ではコンポーザー、あるいはプログラマーの手で自在に音色が創り出せる音源チップ、FM音源が広く普及するようになり、従来の単純波による「ピコピコ音」ばかりが鳴り響く時代から、まるで本物の楽器を演奏しているかのような、リアルな音が鳴る時代へと徐々にシフトしていった。

世界で初めてFM音源を使用したビデオゲームは、1984年にアタリが発売した『マーブルマッドネス』である。本作は、トラックボールで主人公にあたるボールを動かし、制限時間内ゴール地点を目指すアクションゲームで、日本では翌85年にナムコから発売され、アーケードゲームファンにはよく知られていた作品である。中潟によると、ナムコの開発部内にも本作の筐体が一時期置かれており、研究も兼ねて遊んでみたら「どうやってこんな音を出しているんだろう?」と驚かされ、小沢も本作の発売当時に曲を聴いたところ「ゲーム自体もとても面白く、衝撃を受けた」という。

実用化ではアタリに一歩遅れたが、音楽のエキスパートが揃ったナムコがFM音源に関心がなかったわけではない。実は1984年以前から、石村がヤマハと伝手があったことで、ヤマハが「FM音源をぜひ使ってほしい」と繰り返し営業に来ていた。田城は『シューティングゲームサイド』のインタビューで、社内でFM音源による曲の試作も行っていたところ「作り方がまったく変わるので、試行錯誤しているうちにアタリから(『マーブルマッドネス』が)出ちゃった」と語っている。

ナムコでは、ゲームのサウンドが時代と共にどんどん進化するにあたり、既に当時のシンセサイザーを超えるＰＣＭなどの音声合成による音源のシンセサイザーを作ることを検討していた。水足は当時のことを「波形メモリではサウンドが作りにくいので、自由にＲＡＭに書き換えながら動かせる方法にしようと、村田さんとも話していた」と振り返る。ただしＰＣＭ音源で作るサウンド回路の場合は、導入に当たりネックとなるのはメモリの値段が非常に高いことだった。

そこに現れたのがＦＭ音源であった。当時のＦＭ音源は、既にヤマハがシンセサイザーに組み込んで話題になっていた方式で、音声合成でなくても比較的リアルな楽器音が創り出せる特徴を持っていた。他社に先駆け、いち早くＦＭ音源を入手したナムコの開発一課では「いずれ各社が、この音源をも挙って使い始めるだろう」と読み、水足が音声合成と並行してＦＭ音源の研究も進めることになった。その結果、ナムコでもエンジニアたちの主導でＦＭ音源の導入が決まり、前述したように『源平討魔伝』や『サンダーセプター』、あるいは『イシターの復活』『スカイキッドＤＸ』などにＦＭ音源（※ヤマハ製のＹＭ２１５１）を搭載した基板を作り、音声合成とＦＭ音源の組み合わせの時代がしばらく続くことになった。

音源が変わった結果、当のコンポーザーたちにはどんな影響があったのだろうか。中潟は「FM音源は、自分で狙った音色を作るのが難しい。ちょっとパラメーターをいじっただけで変わってしまうから」と言い、小沢は「FM音源になってからは、今までとは作り方がまったく変わった。最初の頃は音色を作るツールもなかったので、ヤマハが用意した音色だけで作っていたと思う。FM音源以降は、楽譜はMIDIで出せるようになったので、自分で楽譜を書かなくなった」と、作り方に変化が生じたことを筆者の取材時に説明してくれた。最初は戸惑うこともあったが、それぞれが例によって試行錯誤を繰り返し、新しい音源を使用した音作りにいち早く習熟し、前述した数々のタイトルで名曲を作り上げていった。

また慶野は、1987年に発売された『パックマン』シリーズの第5作にあたるアーケード用アクションゲーム『パックマニア』で、初めてFM音源を使用してBGMを作曲した。本作の作曲当時の様子を『Ludo-Musica』で下記のように証言している。

「それまでとはまったく異なる新しい方法による音色作り、そしてそこから生み出される、今までは作り得なかった音色と向き合いながら、こうしたらこんな音色になる、という試行錯誤を繰り返す楽しみは、触れたことのなかった新しい楽器を手にしたときと同じ感覚と言える」

さらにナムコでは、後にＰＣＭ音源も使えるようにしたカスタムＩＣ（Ｃ１４０）も小川らの手によって開発している。中潟は、アルバム『未来忍者・慶雲機忍者外伝 G.S.M NAMCO １』のライナーノーツに掲載された大野木との対談で「１曲を作るのに、それに必要となるデータ量は昔と比べると、その10倍以上増えていますね。掛かる労力はまたその倍ぐらいありますから」と証言している。新たなハードや技術が登場するたびに、ゲーム音楽もグラフィックデザインなどと同様に、制作ノウハウがその都度変化していたのである。

第5章

「ゲーム音楽」市場の形成

史上初のゲーム音楽アルバム
『ビデオ・ゲーム・ミュージック』の誕生

有名、無名タイトルを問わず、ネット通販でもゲーム音楽アルバムを手軽に購入できるようになって久しい。近年ではApple MusicやAmazon、Spotifyなどで、ゲーム音楽を1曲単位で購入できるダウンロード販売、あるいはサブスクによる配信も盛んに行われている。

ゲーム音楽アルバムが発売される以前の時代は、ＹＭＯの『イエロー・マジック・オーケストラ』にシンセサイザーで再現した『サーカス』と『スペースインベーダー』のジングルやＳＥが収録されたことはあったものの、ゲーム音楽が音楽業界から注目も評価もされることはまったくなかった。特に、ＹＭＯが登場する以前の時代は、デジタル音になじみのない上の世代は「電子音は低俗なもの」と見なす風潮があり、ＹＭＯがブレイクした後もアーティスト物や洋楽、ニューミュージックが当時のアルバムの定番であった。

その証拠に、作詞家の橋本淳が、かの有名な『ドラゴンクエスト』シリーズの作曲者、すぎやまこういちとの対談で「先生がゲームの音楽をやったとき『馬鹿だね～』という人がいっぱいいました。僕はすごく面白いと思った。その否定をした人達に……もう生きていないかもしれないけど（笑）、先生の曲を聴いてもらいたいですよ」と述べており、かつてはゲーム音楽がいかに業界内で蔑まれていたのかがわかる。

世間一般のゲーム音楽に対する印象も、パチンコ店内に響くジャラジャラという玉の音と同様に、関心のない人にとっては騒音に等しい、せいぜい「ピコピコと鳴る」程度のものであった。ゲーム音楽に注目していたのは、もっぱらゲームセンターに足繁く通う、熱心なプレイヤーに限られていた。

『イエロー・マジック・オーケストラ』発売の翌年、１９７９年にはエルボンレコードが『ディスコ・スペースインベーダー』を発売したが、こちらもゲームの基板から流れる原曲を聴かせるものではなく、CROSS WINDの遠藤敬三らが結成したセッションバンド、ファニー・スタッフの演奏による『スペースインベーダー』のジングルをベースにしたディスコ曲であった。

ゲーム音楽アルバムが発売される以前の時代からゲーム音楽に興味を示していたファンたちは、当時の大ヒット商品である『ウォークマン』（ヘッドフォンステレオ）、あるいはラジカセをゲームセンターに持ち込み、筐体のスピーカー付近に置いてプレイ中の曲をカセットテープに録音したり、あるいは『ラジオはアメリカン』を聴いたりして楽しんでいた。その昔、筆者も『ウォークマン』を持つ友人に生テープだけを渡し、何のゲームだったのかは忘れたが録音を頼んだことがある。録音機能が付いた『ウォークマン』は非常に高価だったので、自身の小遣いではとても買うことができず、親が持っていたラジカセを外に持ち出すこともできなかったからだ。

では、ゲーム音楽アルバムはどのようにして誕生し、ゲーム音楽市場が形成されるに至ったのだろうか？　その歴史を紐解くと、ここでもナムコ作品が「超」が付くほど重要な役割を果たしていることがわかる。

史上初となる、ゲームのオリジナル音源をメインに収録したアルバムは、1984年にアルファレコードから発売された『ビデオ・ゲーム・ミュージック』だ。本アルバムには『パックマン』『ニューラリーX』『ゼビウス』など合計10タイトルの曲が収録されたが、収録タイトルはすべてナムコのタイトルであった。

『ビデオ・ゲーム・ミュージック』の制作を担当したのは、当時のアルファレコードのプロデューサーで、本作を機に数々のゲーム音楽アルバムをプロデュースした「ゲーム音楽アルバムの父」とも言うべき存在である小尾一介をはじめ、近藤雅信など同社のスタッフたちである。世間的にゲーム音楽がまったく認知されていない時代にあって、なぜ小尾らはゲーム音楽アルバムを発売しようと考えたのだろうか？　ここでキーパーソンとなったのが、元ＹＭＯの細野晴臣だった。

細野は「インベーダーブーム」期からアーケードゲームを楽しんでおり、スタジオ収録の仕事が終わった後は近藤などスタッフと一緒に、青山３丁目にあった深夜も営業するカフェレストラン「Ｏ＆Ｏ（オーアンドオー）」によく出掛けていた。入口周辺が駐車場になっていて、ガラスに覆われた店は深夜になると水族館のようにも見えたという。店内には『ゼビウス』などのテーブル筐体が何台も置いてあり、近藤も『ゼビウス』を最終エリアまで到達するほどの腕を身に着けた。近藤はゲームを趣味にすることはなかったが、本作だけは繰り返し遊んだという。「後に遠藤さんに会ったときに、『ゼビウス』が生まれた過程を聞き、僕が夢中になった理由がわかった。まるで映画のような壮大な物語を紡ぎ、そのシノプシスをベースに『ゼビウス』を作り上げたことを聞いて、とても気持ちが高揚したことを昨日のことのように覚えている」と振り返る。

細野も『ゼビウス』を特に気に入り、ゲームの本編だけでなくＢＧＭにも興味を示した。ＢＧＭがミニマル・ミュージック的なものとして、聴いて楽しむだけのクオリティを十分に持っていたからで、細野は『ビデオ・ゲーム・ミュージック』収録以前から、スタジオにあったシークエンサー「MC－8」で本作の曲をシミュレートして遊んでいたこともあったという。「ビデオゲームの音も文化、芸術である」と評価していた細野は、やがて映画と同様にゲーム音楽でもサントラを作ったら面白いのではないかと思い付くに至った。

マイコン雑誌『ログイン』の1984年2月号に掲載された、遠藤と細野の対談記事において、細野は「僕は『ゼビウス』をプレイしていると、なにか神話を感じる。ビデオゲームは『スペースインベーダー』が出る前から注目していました。たとえば、喫茶店のテーブルにブラウン管がつくというのは、異様な光景だ。これはテクノポリス東京でしか起こらない現象だと思っていた。（中略）しかしこのゲームは違う。人間の想像力を最大限に刺激する道具です、『ゼビウス』は」などと語っており、いかに『ゼビウス』を高く評価していたのかがわかる。

アルファレコードが当時よく使用していた、田町にあったレコーディングスタジオ「Studio A」の一角には、以前から『パックマン』や『ゼビウス』などアーケード用のテーブル型筐体が置いてあった。小尾によると、昔は出番を待つミュージシャンたちが退屈しないよう、スタジオの脇にアーケードゲームを置くことがよくあったそうだ。かつて『ログイン』でアーケードゲームを紹介する記事「ビデオゲーム通信」を執筆していた野々村文宏によれば「当時のアーティストがみんなゲーム好きなのは、手先が器用なことと、手が空いている間にスタジオにあったゲームで遊んでたからではないかと、細野さん自身も仰っていた」という。

当時、アルファレコードで邦楽の宣伝を担当していた大野善寛によると「細野さんは、アナログシンセの音に近しいものとしてPSG音源にシンパシーを感じ、これは新しいジャンルになると考えていたのではないか」と回想する。世界ツアーも実施した有名ミュージシャン、細野が気に入ったこともあり、アルファレコードのスタッフ間でも「レコードにしようよ」という機運が自然と高まり、やがて商品化が実現することになった。

『ビデオ・ゲーム・ミュージック』の制作以前からYMOを担当していた小尾は、1983年にYMOが散開となった前後のタイミングで細野と高橋幸宏から要望を受け、3人で独自のレーベル「¥EN（エン）レーベル」を新たに立ち上げ、プロデューサーを務めることになった。「¥ENレーベル」はYMOのネームバリューを利用しつつ、新人発掘や新しいレコードを作ることを目的とした、社内ではインディーズ的な位置付けであった。つまり、本レーベルを通じて「新しいものを作ろう」という流れの中で生まれたのが『ビデオ・ゲーム・ミュージック』なのである。

80年代初頭からコンピューターが普及し始めると、音楽業界にもデジタルのシンセサイザーやシークエンサーが登場し、レコーディングにもデジタル化の技術が普及し、ディスコでも「ディスコ・スペースインベーダー」のような曲が流される時代になると、小尾を含めた当時の若手メンバーはゲーム音楽を「面白い」と注目するようになった。

小尾によれば、アルファレコードは「破天荒、ファンキーな会社」であった。同社の創業メンバーの1人で、YMOや荒井由実を育てたことでも知られる川添象郎によると、同社からレコードを出していたアーティストは、ほかの大手レコード会社ではハンドリングできない者ばかりが集まり、プロデューサーともども好き勝手にやりたい放題の「梁山泊のような会社だった」という。しかも、社長室には「犬も歩けば棒に当たる」「ダメで元々」などの社訓を、わざわざ額装して飾ってあったというのだから驚きだ。

YMOが散開する前の時期に比べると景気はやや悪くなっていたものの、当時は十分な収益があったことも追い風となり、小尾ら若手スタッフによって、まだ商売になるかどうかもよくわからない、ゲーム音楽アルバムのような新機軸の商品を開発する余裕が会社にはあった。しかも、彼らは元々ニューミュージックよりも先鋭的なものを作り出すべく

「¥ENレーベル」に集結した経緯があった。

アルファレコードが、ほかのレコード会社と比較すると、多少自由な社風だったからこそ、『ビデオ・ゲーム・ミュージック』の制作が、世界で初めて実現したのだろう。なお、本アルバムの名付け親も細野で、近藤は「細野さんは名コピーライターです」と評しているが、当時の一般的な呼び方であった『テレビ・ゲーム』ではなく『ビデオゲーム』表記にしたところにも、その非凡なセンスが表れているように思えてならない。

アルファレコードとナムコの邂逅

『ログイン』1983年5月号には、当時の最新作『ゼビウス』のプログラマー遠藤雅伸をはじめ、ナムコの開発スタッフの集合写真、開発機材などを紹介した特集記事が掲載された。また同誌では『ビデオ・ゲーム・ミュージック』が発売される以前から、新譜を紹介する連載「ULTRA BOX」で「¥ENレーベル」作品の紹介記事が掲載されたこともあった。ニューミュージックの一種として、コンピューターを使った音楽を紹介すれば、読者の興味を引くとの目論見が編集側にもあったからである。このような経緯があったからこそ、同誌が前代未聞のゲーム音楽アルバムを応援することは、ごく自然の成り行きであった。

アルファレコードと、遠藤をはじめナムコの面々が出会うきっかけは、野々村を介して『ログイン』誌上で実現した、前述の細野と遠藤の対談記事だった。近藤と野々村は、以前から当時のニューウェーブ文化人が数多く集まっていた西麻布の「レッドシューズ」や「シリン」などに出掛けていた顔見知りで、『宝島』誌では音楽の記事も執筆していた野々村は、細野らＹＭＯ周辺が『ゼビウス』を遊びまくっているという噂を聞きつけ、「ぜひ取材をさせて下さい」とお願いしていた経緯があった。ちなみにこれらの施設には、後に『現代思想』１９８４年6月号で『ゼビウス』を題材にした論文「ゲームフリークはバグと戯れる――ビデオゲーム『ゼビウス』讃」を発表した、宗教学者の中沢新一も出入りしていた。

以前から「『ゼビウス』の誕生した場所を見たい」と言うほど本作を気に入っていた細野は対談を快諾し、これを機に遠藤と意気投合した。細野は帰り道でもずっとご機嫌で「どうもありがとう」と野々村にお礼を言ったという。近藤も、自身と漢字は違うが名前は同じことから遠藤にシンパシーを感じ、後に遠藤がゲームスタジオを設立した際には少額ながらもポケットマネーで出資するほどの関係になった。遠藤は3歳から大学生までの間にピアノを習っており、金管楽器もひととおり演奏できるのに加え、シンセサイザーの音を鳴らす原理を理解するほどの音楽好きであったことも、細野や近藤と親しくなれた大きな要因だろう。

対談の当日に、細野と近藤は大森にあったナムコの開発部を遠藤らに案内してもらった。2人はオフィスにサウンド制作用の機材が完備され、慶野が東京藝大卒であることを知り「サウンドルームがあって、ちゃんと音楽を作っている人がいるんだ。ナムコの曲が良い秘密は、ここにあったのか」と感心した。対談の席で「今度、何か一緒にやりましょう」と、遠藤と言葉を交わした近藤は「はっきり覚えていないが、帰る途中で細野さんと『ゲームの音楽でレコードを作ろう』みたいな話はしていたと思う」と振り返る。

後日、近藤は『ビデオ・ゲーム・ミュージック』の制作企画書を書き上げ、小尾からゴーサインを得た。近藤によれば、前代未聞の商品をプレゼンするにあたり、特に苦労することはなく、すんなりと制作が決まり、書面には制作コンセプトをはじめ制作費、発売時期、販売目標枚数などが書き込まれ、販売目標枚数はリクープできる枚数を書き込んだという。

「エンターテインメントビジネスの中でも極めて特殊な企画であり、数字でどうこう分析できるものではない。何枚売れるのかは、実際に出してみなければわからないが、ものすごい可能性はあるはず」（近藤）というのが基本的な考え方だった。

「この企画はバンドものでも、アーティストものでもない、時代の産物だという見方をされていて、社内でもどう評価していいのかがわからず『まあ、やってみなはれ』みたいな状況だったのではないかと思う。自分としては、アルバムをどうやって作ればいいのかも全然わからない状態だったが、まずは細野さんがやりたいことを実現するのが最優先で、私もそれを最初に聴きたいからやったという想いです」と近藤は振り返る。

ナムコとのライセンス契約も近藤らが担当したが、交渉時に大きなトラブルなどはなくスムーズにまとまった。小尾によれば「ナムコはデパートの屋上で『お子様木馬』の営業から始まり、アミューズメントからデジタルエンターテインメントの世界に後から入ったこともあり、当初は価値観の違いを感じていた」という。だが、出迎えた社長の中村をはじめ、遠藤ほか開発スタッフも「ぜひ」と好意的で、細野が曲をアレンジすることに対しても異を唱えられることはなかった。

こうして史上初のゲーム音楽アルバム『ビデオ・ゲーム・ミュージック』の発売が決定し

た。監修は細野、プロデューサーは大野木、ディレクターは近藤、プロモーションは大野が担当した。大野はファミコン本体を発売日に購入し、ゲームソフトもほぼすべて買い揃える、社内でも随一のゲーム好きだったことから、当時から小尾ら制作スタッフの良きアドバイザー役になっていた。

細野が自ら手掛けたアレンジ曲も収録

『ビデオ・ゲーム・ミュージック』の収録は1984年2月14日、東京の護国寺にあった「LDKスタジオ」で行われた。収録に必要となるゲームの基板と『ゼビウス』のテーブル筐体は、ナムコの大野木と遠藤、慶野とハードエンジニアの井上誠が、会社からワゴン車に乗せて持ち込んだものを使用した。

収録は、まずは井上がゲームをプレイしながら、基板から原音を録音するところから始まったが、ここで問題になったのは、基板に載った音源のピンに接続する適当なコネクタがスタジオ内になかったことだった。そこで、遠藤は急遽会社に電話をかけ、後輩に頼んで一方がプローブ、もう一方には標準ジャックの付いたコードを4チャンネル（4本）分届けてもらい、これを基板にセットしたうえで収録をすることにした。『ログイン』に掲載された大野木と遠藤の対談記事によると、音の切れ目に「『ギャラガ』マイシップの爆発音です」などとメモ代わりの声も吹き込む形で、3本のマスターテープをまる2日かけて作り上げた。みんなで試行錯誤しながら収録を進めたスタジオ内の雰囲気を、近藤は「まるで部活動のようだった」と振り返る。

本アルバムで録音を担当した、レコーディングエンジニアの寺田康彦は「最初にリリック製の2チャンネルのテレコで録音して、そこからピックアップしてサンプラーに入れてマルチ録音をしたり、つなぎ合わせたりして編集していたと思う。編集のときは、ゲームの中身を把握している大野木さんから『このようにつないで下さい』などと指示を受けながら、かなり細かく切り貼りしてマスターテープを作った」と証言している。

慶野によると、ザッパーの発射ボタンがオート連射モードになっていたことに収録が始まってから気付いたが、そのまま収録を続けたので「あのような作品になった」という。慶野はスタジオに入って細野に『ゼビウス』の楽譜を手渡ししたうえで曲の説明をしたところ「こんなに綺麗な楽譜を書く人は滅多にいない」と褒められたそうだ。慶野は当初、収録が終わるまで立ち会うつもりであったが、『ゼビウス』の筐体からの収録を終え、1曲目のドンカマを入れていよいよ本格的なレコーディングがこれから始まるというタイミングで22時を過ぎたため、仕方なく帰宅の途についた。当時の労働基準法では、女性の22時以降の労働を禁じていたからである。

3本の原音集を作るだけでも、まる2日も掛かったという『ビデオ・ゲーム・ミュージック』は、単にゲームの基板からオリジナル曲を直接録音しただけでなく、細野が手掛けた『ゼビウス』と『ギャラガ』のアレンジ曲が収録されたことでも極めて大きな価値があるアルバムだ。

当初、制作スタッフの中には「ただゲームの基板から録音しただけのものを、はたして商品化してもいいのか」と懸念する者もいた。例えば『ゼビウス』のオリジナルのBGMは、わずか4小節、再生時間は数秒間しかない極めてシンプルな曲だ。プレイ中はBGMを無限にループさせてもまったく支障はないが、いざアルバムとして出す場合には、たった数秒間の曲を繰り返し聴かせるだけでも商品として成立するのか、確信が持てなかったからである。そこで、細野が「じゃあ、アレンジもしたほうがいいよね」と一肌脱いだことで、アレンジ曲の制作も決定した。

本アルバムの最初のトラックに収録された『ゼビウス』のイントロには、ゲームセンターで『ゼビウス』を実際にプレイしたときの音を使用する面白いアイデアも取り入れられている。クレジットを投入後、ゲーム開始からミスするまでの間はプレイ中の音が流れ、やがて大きな爆発音（※自機のソルバルウが敵にやられたときのSE）が流れると、直後のリスタートの場面から少しずつ、ソルバルウの武器であるザッパー、ブラスターの発射音やザッパーの跳ね返り音、爆発音などを織り交ぜたディスコビート曲に変化する。細野によって生み出されたコラージュ曲は、ゲームセンターで本作のBGMを飽きるほど聴いたプレイヤーも大いに驚かせた。

『ギャラガ』は本アルバムのB面、最後のトラックに収録された。ここでも細野は、2〜5位のスコアを獲得したときに流れるネームレジスト曲をベースにした、本アルバムの大団円にふさわしいファンタジックなアレンジ曲を作り上げた。

この曲を細野が作った経緯を、前述の『ログイン』の対談記事で大野木が「録音しているときに『ギャラガ』の音、これはエコーが大幅に効いているんですが……を聴いて細野さんが『ちょっとアイデアがあるんです。僕に任せて下さい』と言ったんです。いま思うとB面最後のあのファンタジックな曲のイメージがすでに浮かんでいたわけですね」と証言している。同じく遠藤も「原音のテープをじっと聴いてたと思うと、黙って立ち上がってスタジオの隅のピアノをポロンポロンと弾き始めて、それであの曲を作り上げちゃったんです。感動しましたよ」と振り返っている。

本アルバムのライナーノーツには、近藤から依頼を受けた野々村と、中沢が寄稿したゲーム音楽および『ゼビウス』論も掲載されている。野々村は「音楽関係の記事は書いた経験はあったが、音楽評論家になるつもりは一切なかったので、まさか自分がライナーノーツを書くことになるとは思ってもいなかったので、すごく緊張した」と当時を振り返る。

ナムコとの契約が首尾よくまとまったとはいえ、川添は当初、本アルバムを制作する小尾を見て「この人、いったい何を作っているんだ？　こんなものは音楽じゃないし、大丈夫なのかなあ……」と思っていた。いくら破天荒な会社であっても、ことゲーム音楽に関してはまだ認知されておらず、どのぐらい売れるのかもまったく予想できる商品ではなかったのである。

余談になるが、後に細野はナムコのファミコン用ソフト（※ブランド名は「ナムコット」）のテレビＣＭにも出演し、ＣＭソングには細野のアルバム『S-F-X』の収録曲「Non-

『Standard Mixture』が使用された。

いきなり『オリコン』にランクイン

こうした経緯で誕生した『ビデオ・ゲーム・ミュージック』だが、前代未聞のアルバムがいざ完成したところで、売れるかどうか未知数の商品をレコード店は仕入れてくれたのだろうか？　小尾や大野は、すでに「¥ENレーベル」が注目されていたこともあり「まずは中身よりも、細野のネームバリューのおかげで、イニシャルで何万枚かを仕入れてもらえた」と証言する。

そんな「細野ブランド」のお陰もあり、本アルバムは何と初週で約5700枚のセールスを記録し、『オリコン』1984年6月11日号のアルバム部門ヒットチャートに初登場で19位にランクイン、初年度だけで約4万5000枚を売り上げた（※LPレコードのほかにカセットテープ版も発売されている）。また本アルバムのリリースに合わせて、ナムコの広報スタッフも当時から付き合いのあったメディアにプレスリリースを配布し、アルファレコードのプロモーションに協力する形で、直営のゲームセンターを利用して遠藤がテレビなどの取材に応じるなど最大限の協力をしていたことも、セールスの底上げにつながったのではないかと思われる。

具体的な金額は不明だが、アルファレコードは史上初のゲーム音楽アルバムでいきなり十分な利益を上げた。なぜなら、普通のアーティストが歌ったり演奏したりするアルバムに比べ、時間も人的な制作コストも非常に安かったからである。通常のアルバムの収録に掛かる費用は、当時でも1000万円を超えることが珍しくなかった。だが『ビデオ・ゲーム・ミュージック』の場合は、細野のアレンジ曲の作成には時間を要したものの、すでに出来上がっている音楽を基板から録音するだけでほぼ収録が済むので、コストを低く抑えられたのだ。

小尾は『ビデオ・ゲーム・ミュージック』の完成後、収録曲を初めて聴いたときの印象を「YMOが最初に出したアルバムを思い出しましたね。普通はゲームを遊んでいるときにしか聴けない曲が、いつでも好きなときに聴けるのも不思議な感覚でした。例えば3面なら3面の曲を聴こうと思ったら、そこまで行けるゲームの腕を持っていなければ聴けないですから」と振り返る。

ことビデオゲームにおいては、プレイヤーがいくらお金をかけたところで、すべての曲を聴けるとは限らない。なぜならば、ある程度ゲームの腕を持っていなければ、例えば最終面のBGMやエンディングテーマなどを自力で聴くことができないからだ。

だが、ゲーム音楽アルバムの出現によってその常識は覆され、ゲームの腕に関係なく、誰でも自由に曲を聴くことが可能となった。つまりゲーム音楽アルバムは、アーカイブという観点でも優れた商品なのである。さらに、地元のゲームセンターには存在しない、未知のゲームの音楽を聴くことも可能にしたことで、ゲームファンの拡大にも貢献したのは間違いないだろう。かくして、ここにゲーム音楽を「聴いて楽しむ文化」が新たに誕生したのである。

今となっては信じられないことだが、昭和時代のゲームセンターは「不良のたまり場」というのが世間的なイメージであった。校則で生徒の入店を禁止する学校がごく当たり前に存在していたこともあり、ゲーム音楽が文化として広く認知される土壌はまったくと言っていいほどなかった。そんなご時世にあって、アルファレコードというれっきとしたレコード会社が、ゲーム音楽のクオリティをきちんと評価したうえで、アルバムとして商品化したことはまさに英断であり、歴史に残る大偉業なのだ。

『ビデオ・ゲーム・ミュージック』の反響は、小尾らスタッフの想像を超えていたようで、熱心なファンの中には、ゲームセンターで録音したゲーム音楽を自分で編集してデモテープのようなものを作り「このゲームの音楽がいいですよ」と、小尾の所にわざわざ持ち込む者もいた。ゲームセンターに行かなくても、ゲーム音楽をいつでもどこでも聴きたい、そんなゲーム音楽ファンの潜在的なニーズがあることを本アルバムは見事に証明した。

立て続けに第2弾『スーパーゼビウス』をリリース

『ビデオ・ゲーム・ミュージック』の発売から、わずか4か月後の8月には、早くもゲーム音楽アルバム第2弾『スーパーゼビウス』がリリースされた。

本アルバムには、海外版の『ゼビウス』を再調整したうえで1984年に発売された『スーパーゼビウス』と『ギャプラス』、『ドルアーガの塔』のナムコ作品3タイトルのアレンジ曲が収録されている。『スーパーゼビウス』の原曲は、SEも含め元祖『ゼビウス』と同じだが、細野が『ビデオ・ゲーム・ミュージック』よりも大胆にアレンジした、折からのディスコ、クラブブームをそのまま反映したかのようなヒップホップ感あふれる作品が楽しめるところに、本アルバムならではの魅力がある。

近藤によると、自身が当時ヒップホップやグラフィティに夢中になり始めた頃で、細野にハービー・ハンコックの「ロックイット」を繰り返し聴かせては「こういうものを作ってみたらどうでしょう?」と持ち掛けたことがきっかけで本アルバムのアイデアが生まれた。制作にあたり近藤は、本アルバムのメインターゲットを既存のゲームファンにするのか、それともディスコに通う音楽好きにするのかは特に考えておらず「『ゼビウス』に熱中したから『ビデオ・ゲーム・ミュージック』を作ったのと同じ理由で、その時点で旬なものを、まだ熱があるうちに作りたいものを作っただけ」と振り返る。

本アルバムが12インチシングルで、ジャケットをわざわざLPレコードのサイズにして発売された理由は、近藤がヒップホップの12インチにハマっていたことと、ディスコでみんなにいい音で踊ってもらいたかったという思いがあったからだ(※当時は12インチシングルがダンスミュージックで重宝されていた)。本アルバムのジャケットのデザインは、元YMO付きのカメラマンからデザイナーに転身した小泉均が担当したが、実は小泉と遠藤は千葉大学工学部画像工学科の同級生で、遠藤から小泉に声を掛け、細野も快諾したことで実現した。まるで、あらかじめ定められた運命であるかのような、実に不思議な縁の存在を感じさせるエピソードである。

2001年にサイトロン・デジタルコンテンツから発売された、本アルバムの復刻盤のライナーノーツに掲載された遠藤の証言によると、細野ら制作スタッフが『『ゼビ語』を入れようか」とアイデアを出したことで、アレンジ曲には「ゼビ語」をしゃべるスタッフの声が入れられた。「ゼビ語」とは、『ゼビウス』のストーリー上で設定された架空の言語のことである。

『スーパーゼビウス』のアレンジ曲の冒頭で、「ゼビ語」の数字でカウントダウンをする声の主は小沢で、曲中で「ハー！」などとシャウトするのは近藤であり、ほかにもスタジオに居合わせた大野木、細野のマネージャーの女性、そして遠藤本人の声も使用された。収録の際に小沢は「私の声でいいの？　ちゃんとタイミングが合ってるかな？」とかなり心配だったそうだ。また、本アルバムのキャッチコピー「ガスト・ノッチな気分でいこう！プロデュース細野晴臣　POST MODERN TECHNO MUSIC」は細野が考案したもので、「ガスト・ノッチ」とはゼビ語で「絶好調」を意味する言葉である。

本アルバムは、発売に先駆けてプロモーション用に7インチの特別盤が500枚作られ、ラジオ局やディスコ、メディア関係者などに配布された。正式リリース後には、近藤が行きつけのディスコに本アルバムを持参し、ＤＪたちに「ぜひ使ってほしい」と配って回ったこともあった。さらにライナーノーツには、近藤のアイデアで遠藤原作の『ゼビウス』のストーリーを書いた長編小説『ファードラウト』も掲載された（※ただし、掲載されたのは全文ではなく、一部を抜粋したものである）。ゲームセンターに出掛けても知ることができない、『ゼビウス』の奥深い世界観を堪能できる小説をアルバムのプロモーションに利用したのも、これまた秀逸なアイデアであった。

『ギャプラス』は、当時まだ発売されたばかりの新作で、ナムコとしても新作を推したいとの狙いもあったことから、スタッフが本作の基板と筐体を六本木のスタジオ「SEDIC」に持ち込んだ。細野は、テストモードを使用して聴いた本作の曲をすぐに気に入り「Ｂ面はこれで作る！」とアレンジ曲の制作を快諾し、さらに『ドルアーガの塔』のアレンジ曲も細野が作ることになった。両タイトルの作曲者である小沢は「私もスタジオに行けるの？　細野さんに会えるの？　とワクワクした」という。

収録は田町にあった「StudioA」で行われることが決まり、作業にかなりの時間が掛かることを聞いた小沢は、退勤後に終電に乗れなくても大丈夫なようにと、品川にあったホテルを予約しておいた。結局、収録は徹夜で行われたため、小沢は深夜になったところでスタッフから帰宅を促されホテルに向かった。翌朝、小沢が再びスタジオに行くと、遠藤や細野が「できたよ」と完成させた『ギャプラス』と『ドルアーガの塔』を聴かせてくれた。『ギャプラス』の短い曲が長尺でアレンジされていたことに驚き、細野に自身の曲をアレンジしてもらえたのでとても嬉しかったが、自身がスタッフに手渡した『ドルアーガの塔』の楽譜に書き間違いがあったため「アレンジ曲でも間違った所がそのまま反映されてしまったので焦った」と小沢は述懐する。

本アルバムは1200円の安さで、しかも細野のアレンジ曲も楽しめる一枚ではあったが、販売枚数は『ビデオ・ゲーム・ミュージック』に比べると少なかった（※『オリコン年鑑』によると、1984年度の販売枚数は11810枚）。驚くことに、野々村によると当時の『ログイン』には『スーパーゼビウス』に否定的な意見を書いた読者ハガキが多数送られてきた。不評の主な理由は「ゲームセンターで遊んでいるときと同じ曲が聴きたいのに、全然違っていた」ことだった。野々村は「当時のゲーム好きの小中学生は、まだ音楽を幅広く楽しむ素地を十分に持っておらず、細野さんのアレンジ曲が受け入れられなかったのではあと5年か10年後に発売されていたら、評価は変わっていたと思う」と推測する。

近藤の企画の経緯と、ゲームのファンが求めるものとの間に大きなギャップがあったことも、セールスが前作を下回った一因かもしれない。

後に遠藤は、2001年に発売された復刻盤のライナーノーツに掲載されたインタビューで、当初はゲーム音楽アルバムの企画をレコード会社に持ち込んでも「どこも取り合ってくれませんでした」と明かしている。このエピソードからも、かつて音楽業界はゲーム音楽にまったく注目していなかったことがわかる。

ゲームコンポーザーのオリジナル曲を収録したアルバム第3弾

『ビデオ・ゲーム・ミュージック』と『スーパーゼビウス』に続く、アルファレコードのゲーム音楽アルバム第3弾は、1985年に発売された『ザ・リターン・オブ・ビデオ・ゲーム・ミュージック』である。

本アルバムは、A面に『ポールポジションII』『グロブダー』のほか、全7タイトルのナムコ製アーケードゲームの原曲を、B面にはアレンジおよびオリジナル曲を合計6曲収録している。プロデューサーは近藤が務め「(続) 全国一千万、ビデオ・ゲーム・ファンの少年少女におくる、エディット&アレンジ・ヴァージョン」とのキャッチコピーを掲げていた。

本アルバムの制作に細野は参加しなかったが、近藤の呼び掛けに応じたサザンオールスターズなどのアレンジを手掛けた国本佳宏をはじめ、上野耕路、藤井丈司、飯尾秀史がアレンジャーとして参加した。近藤によると、本アルバムのアレンジャーは細野に感化され、その遺伝子を継承する者がいいだろうとの考えから選んだという。なお国本は、本アルバムを機にアルファレコード、および後に小尾らが独立して立ち上げたサイトロン・アンド・アートなどで制作したゲーム音楽アルバムでも、アレンジ曲を多数手掛けることになる。

収録曲は、小沢らナムコのスタッフが提案したものを各アレンジャーに検討してもらったうえで、タイトルの絞り込みもアレンジ内容も、ほぼアレンジャー側に任せる形で決定した。また小沢は、近藤の依頼を受けて本アルバムのライナーノーツに『ドルアーガの塔』の作曲中のエピソードをまとめた手記を寄稿している。

本アルバムの白眉は、近藤が「当時のゲーム音楽は、ナムコだけが突出していた」と評価していた同社のコンポーザー陣のひとり、小沢が書き下ろしたオリジナル曲「STANDARD THEME」を収録していたことである。本曲は「アルバム用に、ゲームじゃない曲を作ってほしい」との依頼を受け、小沢が書いた曲を上野が編曲をしたうえで作られた。ゲームメーカーの社員を、すなわちゲーム専門のコンポーザーをアーティストと同様にプロデュースし、その作風と才能を世に知らしめる試みを行った最初のアルバムとしても、本作は歴史に残る逸品だ。

大野木作曲の「MERRY GOES AROUND」は、『ホッピングマッピー』のBGMをアレンジしたものである。『ホッピングマッピー』が稼働を始めた1985年4月から、わずか2か月程のタイミングで新作タイトルの曲をいち早く収録していたことにも今更ながら驚かされる（※大野木が「MERRY GOES AROUND」を先に作り、後からゲームに使うことを決めた可能性もあるが）。B面のオリジナル曲「META MAGIC GAME」は、後にゲームスタジオが開発を担当し、1989年にナムコから発売されたファミコン用ソフト『ケルナグール』のBGMとして採用されたことも特筆に値する。

繰り返しになるが、かつてのアーケードゲーム業界はどのメーカーでも徹底した秘密主義を貫いていた。開発者の名前や顔は、専門誌のメーカー取材企画でまれに掲載されることはあったが非公表が原則であり、ゲーム音楽はメーカーの社員が作曲したものなのか、それとも作曲家に発注したうえで作っていたのか、アルバムが誕生する以前にファンが知る手段は皆無だった。引き抜きと情報漏洩を防止するため、スタッフの名前どころか開発部署の住所すら隠すのが業界内では常識であった。

前述の『ゼビウス』を作った遠藤のように、昭和の時代から会社公認で雑誌やテレビに数多く登場したケースは例外中の例外だ。その証拠に『ログイン』の対談記事で、遠藤は『ゼビウス』の作曲者は誰かと細野に問われると「当社のBGM担当の女の子です」と、慶野の名前を伏せて答えているのだ。

当時、ナムコで広報業務を担当していた某OBは、遠藤だけが本名で表に出られた理由を「会社として、遠藤さんは他社に転職することはないと判断していたのではないか。また『ゼビウス』のヒットにより、遠藤さんへの取材が増えたことで、遠藤さん自身が『名前を出せないのはおかしい』などと社長や上司に主張していたのかもしれない。広報的には、マスコミに取り上げられやすくなるので、本人の顔や本名を出せることはありがたく、そのおかげで遠藤さんに取材がより集中することになった」と推測している。

なお当時のナムコは、直営のゲームセンターで配布していた無料の情報誌『NG』に、社長の中村自らが写真付きで登場する記事を掲載したり、開発者が顔や本名は伏せたままではあったが、読者からハガキを通じて寄せられたゲームの質問に答えるコーナーを設けたりしてファンたちを楽しませていた。秘密主義が当たり前の時代にあって、ナムコは自社出版物を通じてファンとの距離を縮める試みを実施していた、数少ないメーカーのひとつであった。

大野によると、本アルバムの販売枚数は2～3万枚程度であったが、ゲームコンポーザーのオリジナル曲をいち早く収録し、アレンジャーとともに本名を堂々と公表したという事実だけでも、ゲーム音楽の歴史に残る作品ではないかと思われる。

ゲーム・マイコン専門誌の貢献

音楽業界でも世間でも、ゲーム音楽がまったく注目されていなかった時代にあって、ナムコ作品をはじめとするゲーム音楽の素晴らしさを伝えていたメディアは、前述の『ログイン』『アミューズメントライフ』のほかにも、電波新聞社が発行していたマイコン雑誌

『マイコンBASICマガジン』や『ゲーメスト』『Beep』などのゲーム専門誌があった。

これらの中でも、とりわけ多くのファンに衝撃を与えたのが、1985年に『マイコンBASICマガジン』の別冊として発行された『オールアバウトナムコ』である。

本書は、第1作の『ジービー』から『メトロクロス』まで、ナムコ歴代のアーケードゲーム（※ただし未収録タイトルが一部ある）の詳細な紹介および攻略記事に加え、家庭用PC用ソフト、ゲーム内に登場するキャラクターのドット絵集やグッズの紹介とともに楽譜集までもが掲載された、当時のプレイヤーにとってはまさにバイブルとも言える逸品であった。1987年には続刊『オールアバウトナムコII』も発売され、こちらにも『源平討魔伝』をはじめとするナムコ作品の紹介記事やドット絵、楽譜集が掲載され、高価ではあったがファン垂涎のアイテムとなり、前者は約30万部も発行したというのだから、当時からいかにナムコの人気が高かったのかが如実にわかる。

ゲームセンターに出掛けてもわからない、アルバムのライナーノーツにも載っていなかった、人気タイトルの楽譜がまとめて掲載されたのは前代未聞のことで、多くのゲームファンに衝撃を与えた。筆者も当時、友人から本書を借りたうえで、楽譜を見ながらオルガンやエレクトーンで弾いたり、友人から借りたPCのBASICで打ち込んだりして楽しんだ経験がある。とりわけSEの楽譜には「8分音符1個で60分の1秒」などという、音楽の教科書ではまったく見たことがない表記が頻出し、しかも32分音符のような極めて短い、およそ人間の手ではとうてい演奏不可能な音符がズラリと並んだ譜面は、まさに衝撃であった。コンピューターが奏でる、ゲーム音楽ならではの超ハイテンポなジングルやSEを片っ端からBASICで打ち込み、実行したときにそれっぽく再現できたときには、子供心にとても感銘を受けたものだ。

なお『オールアバウトナムコ』は2020年に、『オールアバウトナムコII』も2021年に、それぞれ復刻版が発売された。しかも復刻版では、本文の誤植の修正だけでなく、初版にあった楽譜の書き間違いも、ごく一部ではあるが修正されているのだから驚きだ。初版の発行から35年もの時を経て修正が実施されたのはファンにとっても、そして当のコンポーザーにも朗報となったことだろう。

ほかにも電波新聞社では、1986年にナムコゲーム音楽のプログラム集を掲載した、その名もズバリの『ナムコビデオゲーム・ミュージック・プログラム大全集』を発売したが、驚くことに本書にも全タイトルの楽譜が、しかも『オールアバウトナムコ』には漏れてしまった曲も含めて掲載されている。さらに同社は、著者オリジナルのアレンジ曲も含めた楽譜を掲載し、プログラムを書き込んだフロッピーディスクを付属した『ナムコビデオゲームミュージックライブラリー VOL.1 FOR X68000』も１９８９年に発売している。

これらの本を通じて、読者に対しゲーム音楽をただ聴くだけでなく、プログラミングにも興味を持たせ、やがて古代祐三などに代表される有名コンポーザーを輩出するきっかけを作った電波新聞社の功績も非常に大きかったように思われる。元々同社では、ナムコから許諾を得たうえで開発したアーケードゲームのＰＣ移植版を多数発売しており、また『マイコンＢＡＳＩＣマガジン』の編集長であった大橋太郎をはじめ、多くのライターや編集者がナムコ作品のクオリティを高く評価していた。そんな経緯があったとはいえ、たった１社だけにフォーカスしたゲーム音楽のプログラムや楽譜を載せた書籍が、80年代にいくつも作られたケースはナムコをおいてほかにない。

80年代のゲーム音楽ファンから注目されていた専門誌のひとつに、日本ソフトバンクが１９８４年に創刊したゲーム雑誌『Beep』がある。同誌では、１９８６年11月号でゲーム音楽を収録したソノシートを付録にして以来、合計12回ソノシートの付録が付いた本誌が発行された。ちなみに最初のソノシートには、セガのアーケードゲーム『スペースハリアー』『カルテット』『ハングオン』『ファンタジーゾーン』の全4タイトルの曲が収録されていた。誌面にも、ゲーム音楽アルバムの新譜やコンポーザーのインタビューを掲載した「サウンドマーケット」、アレンジャーとして多数のゲーム音楽アルバムに参加した高西圭による「コンビニエンス・ミュージック講座」などの連載記事を載せていた。

ただし、『Beep』3代目編集長の川口洋司によると「当時はコアなファン以外にはゲーム音楽が注目されていなかったため、ソノシートを定番の付録にしたことで本誌の売上が顕著に上がることはなかった」という。なお『Beep』のソノシートにはアーケードに限らず、ファミコンやセガ・マークⅢなど家庭用ゲームの曲も収録され、誌面にゲーム音楽プログラムを掲載していたことでも特筆すべき雑誌である。

月刊誌の『マイコンＢＡＳＩＣマガジン』でも、ゲーム音楽の楽譜を毎号掲載していた時期があった。『ゲーメスト』には、１９８６年の創刊当初から新譜情報やコンポーザーのインタビューなどを掲載した「WE LOVE VGM」の連載コーナーがあり、『マイコンＢＡＳＩＣマガジン』では音楽の素養があるライターや読者が耳コピーをしたうえで、独自に作ったゲーム音楽のプログラムリストが掲載されることも度々あった。

当時のゲーム雑誌の読者は、主に新作ゲームの内容と攻略法の情報を得るために本を買っていたが、音楽の素養もあるライターや編集者がいたことで、誌面を通じてゲーム音楽を楽しむ環境も徐々に出来上がっていった。80年代後半になると、各レコード会社が新譜やゲームビデオの広告を盛んに出稿するようになり、出版メディア上でもゲーム音楽がビジネスとして成り立つようになったことも、ゲーム音楽の歴史上の特筆すべき出来事であろう。

世界初のゲーム音楽専門レーベル「G.M.O.レーベル」の誕生

『ビデオ・ゲーム・ミュージック』に始まる、ゲーム音楽アルバム3作分の制作を終えた小尾らは、次に当時ブームの絶頂期を迎えていたファミコンに目を付けた。小尾自身はファミコンをよく知らなかったが、大野からの情報を参考にしたうえでファミコン用ソフトの音楽を収録したアルバムの制作が始まった。

現在のように、インターネットによる通販やダウンロード配信がなかった当時、アルバムはレコード店での販売が中心だった。当時のレコード会社は、小売店に自分たちの商品を置いてもらうための棚を確保するため、店舗への営業、宣伝活動が非常に重要な仕事となっていた。よってアルファレコードでは、ゲーム音楽だけで独自のレーベルを作り、ゲーム音楽も映画音楽などと同様にひとつのジャンルであることを明示し、店頭でも目立つようにする営業を仕掛ける必要があった。

商品を店頭に置いてもらうにあたり、重要なポイントとなったのが売り場の「枠」を取ることだった。そこで小尾らが「ゲーム音楽は映画音楽のようなもの、つまり音楽の1ジャンル、新ジャンルなんです」と標榜して売り出そうと考えた流れから生まれたのが、世界初のゲーム音楽専門レーベル「G.M.O.レーベル」であった。「G.M.O.」とは「Game Music Organization」の略称で、YMOの遺伝子を引き継ぐ形で名付けられた。

小尾らアルファレコードのスタッフは全国を駆け回り、「『G.M.O.レーベル』のゲーム音楽を聴きたい人たちがいっぱいいます。この商品は必ず売れると思いますので、ぜひ置いて下さい」と説いて販路の確保に努めた。また、宣伝と制作を委託していたビクター音楽産業(※以下、ビクター)にも「今はファミコンなどのゲームもすごく人気が出ていますので、ぜひ宣伝して下さい」とのお願いを繰り返していた。

当時のレコード店では、ゲーム音楽アルバムは主にSL(蒸気機関車)やバイクの音などを収録した効果音のコーナー、あるいは映画音楽やアニメ、テレビ番組のサントラコーナーに置かれることが多かった。「サブカルチャーの棚に置いてもらえれば、まあいいだろうなあと。当時は『教育用』とか、ともすれば『音楽』というよりは『音』みたいなジャンルに入れられかねない状態だったが、我々は新ジャンルの『音楽』としてコーナーを作ってほしいと売り込んだ」（小尾）

筆者が初めて購入したゲーム音楽アルバムは、１９８７年に発売された『ダライアス／ＺＵＮＴＡＴＡ ～タイトー・ゲーム・ミュージックＶＯＬ．２～』であったが、本アルバムはアニメの棚に置かれていたと記憶している。具体的にいつだったのかは忘れてしまったが、生まれて初めてレコード店で「ゲーム・ミュージック」あるいは「ゲーム」と書かれた棚を見たときには「ついにゲーム専用のコーナーができた！」と、部外者なのになぜか嬉しくなったことを覚えている。

当初は新しいジャンルゆえ、レコード店がなかなか置いてくれなかったという。すでに実績のあるアーティストであれば、店頭で五十音順に棚が設けられているので容易に陳列されるが、ゲーム音楽のような言わば「企画もの」は、前述した効果音やアニメのサントラなど、いろいろな場所に埋もれて目立たなくなってしまう事情があった。よって市場を拡大させるための営業的な側面からも、ゲーム音楽をジャンルとして確立させ、店頭で少しでも多くの販売スペースを確保することが至上命題だったのである。

「￥ENレーベル」から独立する形で誕生した「G.M.O.レーベル」の第1号作品は、1986年に発売された『ファミコン・ミュージック』である。本アルバムには『スーパーマリオブラザーズ』をはじめ、『ゼルダの伝説』『エキサイトバイク』など任天堂の有名タイトル、および国本によるアレンジ曲が2曲収録された。小尾によると、セールスは大ヒットとは言えないまでも「まあまあ売れた」とのことだった（※『オリコン年鑑』によると、1986年度の本アルバムの販売枚数は12770枚である）。

これを機に、小尾の言葉を借りるとアルファレコードは「味を占めて」、次回からは「ナムコや任天堂以外にもいろいろなメーカーがあるから、いっそのこと全部のメーカーを営業して回ろう」と思い付いた。以後、同レーベルからセガ、タイトー、コナミ、カプコンなど、当時の主要メーカーのゲーム音楽アルバムが「G.M.O.レーベル」から次々とリリースされることになったのである。

なお、同レーベルのナムコ関連作品には、1986年に発売された『ビデオ・ゲーム・ミュージック』をCD化し、さらに収録曲を追加した『THE BEST OF VIDEO GAME

MUSIC』と、翌87年に登場した『ナムコ・ゲーム・ミュージックVOL．1』と『同2』がある。「G．M．O．レーベル」のプロデューサーは、ナムコ作品以外も含めて引き続き大野木が担当した。繰り返しになるが、ここでも大野木、すなわちナムコOBがゲーム音楽アルバム市場の拡大に引き続き貢献しているのである。

アルファレコードにとっては幸いなことに、ナムコや任天堂以外の各メーカーにもアルバム制作は歓迎され、契約は総じてスムーズに結ぶことができた。メーカーによっては「アルバムを作ってくれてありがとうございます」とか「宣伝になるので助かります」「許諾料をもらっちゃっていいんですか？」などと、逆に感謝されるケースもあった。自分たちの作品がアルバムという形で残り、しかもロイヤリティ収入まで入ってくるのだから、メーカーにとってはデメリットがまったくない、極めておいしいビジネスであったと言えよう。特にアーケードゲームは、やがてプレイヤー人気が衰えると世の中から姿を消してしまう宿命にあるが、もしアルバムが出ればずっと文化的な商品として残ることもあり、その存在意義はアーカイブ的な観点からも大きかった。

アルバムのリリースが決まると、そのメーカーの社員たちの士気向上につながることもあったと聞く。当時の業界内には、コンポーザーがプログラマーよりも下に見られる風潮があり、アルバムがリリースされることでコンポーザーのステータスが上がるという事情があったのも、士気向上の大きな要因だったと思われる。昔のゲーム開発現場では、音楽の制作はプロジェクトの後半になってから始まるのが当たり前で、ごく限られたプログラム容量の範囲内にどうやって収めつつ作曲をするのか苦労を強いられたという話は、これまでにも多くのコンポーザーが証言している。

かの巨匠、大野木も『Beep』のインタビューで「ゲーム界でのターニングポイントは?」との質問に対し『ビデオ・ゲーム・ミュージック』が世に出たことと答えたのに続いて「とかくゲーム・ミュージックというと、どうしても絵のほうに音が引っ張られて、単体として音を抜き出した場合、存在が弱いっていう悲しいサガがありましたからね。ゲームの知名度にも左右されますし。それを打開したい、というのは今でもあります」と語っている。

大野木の存在は「G.M.O.レーベル」誕生の時点で、すでに多くのメーカーのコンポーザー間に知れ渡っていたようで、筆者も「あの『ニューラリーX』や『マッピー』の曲を作った大野木さんと一緒に仕事ができて嬉しかった」と、アルバム収録時に大野木と出会ったときの思い出話を何度か耳にしている。ゲーム音楽の収録は、基本的には基板から録音するだけなので、接点や時間が限られていたこともあり、大野木とナムコ以外のコンポーザーとの間に軋轢が生じることは特になかったという。中には「業界の先輩として、若いコンポーザーに何かひとこと言ってやろうか」と、収録後の飲み会で大野木から厳しいながらも温かいアドバイスをもらった、当時の若手コンポーザーもいた。

また、当時の大野木はマイコン雑誌『マイコンＢＡＳＩＣマガジン』に連載されていた、ゲームスタジオのメンバーが読者の質問に答える記事「ゲーム・プログラミング講座」でサウンド・クリエイト部門を担当していた。ここで大野木は、１９８６年7月号に掲載された「サウンド・コンポーザーになるためにはどうすればいいのでしょうか?」という13歳の少年からの質問に対し、『ビデオ・ゲーム・ミュージック』がリリースされた当時の業界事情がわかる貴重な証言を残している。

以下、少々長くなるが大野木のコメントを引用する。

「わたしが会社に入った頃は、もちろん、ビデオゲームに『音』はあるにはあったのだが、『音楽』と言えるようなものは世間にはほとんどなかった（任天堂のシェリフというゲームにはＢＧＭがあった。パックマンはまだ街になかった）。（中略）

レコード作りに参加して、二～三のビデオゲームメーカーの音の担当者の方と実際にお会いすることができた。いろいろとお話をしていてわかったことがある。

それは、初期の頃のビデオ・ゲーム・ミュージックを支えていたのは、みんな『音楽』のしろうとだということである。『音楽』が大好きで、『なんとかしてビデオゲームに音楽を！』と思ったのである。

そうして、ゲーム・ミュージックは市民権を得た。ゲームメーカーもその重要性を認め、音楽大学卒の専門スタッフを揃えはじめゲーム・ミュージックの世界は大きく広がったのである。（中略）

ゲーム・ミュージックのコンポーザーになるためにはゲームメーカーに入社するのが一番確実な方法なのだ。その際、音楽大学を卒業しているとかなり有利であるのだ（以下略）」

発売から久しく時間が経過したタイミングでの発言だが、ゲーム音楽の第一人者が『シェリフ』にはBGMがあると認識していた点でも、今となっては非常に興味深い内容である。

小尾によれば、同レーベルの中で最も売れたのは1987年に発売された『セガ・ゲーム・ミュージックVOL．1』で、大型体感筐体を使用してアーケード用ドライブゲームの『アウトラン』とシューティングゲームの『スペースハリアー』、および家庭用ソフトの『アレックスキッドのミラクルワールド』の3タイトルが収録されていた。とりわけアーケードの両タイトルには、当時としては最先端の音源であるFM音源やPCM（サンプリング）が使用され、小尾の評価では「まるで普通の音楽CDを聴いているかのように楽しめる、実際の楽器で演奏したかのような、非常にクオリティが高い曲が収録できた」ことで、ゲーム音楽が1ジャンルとして定着した実感があったという。

後に大野は、小尾から「制作を手伝ってほしい」との要望を受け、86年の末頃に宣伝から制作部署に異動し、1987年に発売されたアルバム『SNK・ゲーム・ミュージック』から編集業務にも関わり、プロデューサーとして自身の名前がクレジットされるようになった。大野が制作に加わって以降は、大野木は主に基板からの収録を担当し、大野はメーカーやアレンジ曲を手掛けるアレンジャー、スタジオミュージシャンとの調整や、ジャケットのデザイン発注を担当する形になった。

大野は、ゲーム音楽の編集ノウハウを大野木から手取り足取り教わり、やがて大野がディレクターとして一本立ちをすると、大野木はアルバム制作から離れてゲーム開発にほぼ専念し、代わって大野が後進の指導にあたることになった。大野は新作ゲームの曲を逐次まとめてアルバム化するだけでなく、時にはアーケードゲーム雑誌『ゲーメスト』が毎年実施していた、年間のベスト作品を決定する企画「ゲーメスト大賞」の「ベストＶＧＭ賞」でトップ10に入ったタイトルの曲をまとめて収録した『サイトロンビデオゲームミュージック年鑑１９９０』などの企画ものも続々と発売するようになった。

『ビデオ・ゲーム・ミュージック』を皮切りにゲーム音楽の認知が徐々に進み、そこに『ファミコン・ミュージック』が成功した結果、ナムコだけでなく多くのメーカーの曲を集めた「G.M.O.レーベル」作品が続々とリリースされた。加えて、セガの大型体感ゲーム系など初期からヒット作も誕生したことで、店頭でもゲーム音楽を１ジャンルとして完全に定着させ、現在のゲーム音楽市場の礎を築いた、小尾らの功績は計り知れないほど大きい。

競合他社も続々と
ゲーム音楽市場に参入

１９８６年になると、ゲーム音楽アルバムに「商機あり」と見たアルファレコード以外の各レコード会社も、ゲーム音楽アルバムを立て続けに発売するようになった。

大野によると、当時アルファレコードの社長だった金子忠一は、業界誌『オリコン』のインタビューで「ゲーム音楽のアルバムは低コストで作れるので、これほどいい商売はない」などと高らかに語っていたという。もしかしたら、この記事を読んだことがきっかけで「低予算で作れて儲かるならば」と、ゲーム音楽市場に参入を決めたレコード会社もあったのかもしれない。

真っ先に参入したのはビクターだ。１９８６年3月に発売された、同社の第1号アルバム『ビデオゲームグラフィティ』の収録タイトルは『パックマン』『ニューラリーX』『マッピー』『リブルラブル』などで、こちらも何とすべてナムコ作品であった。なお、本アルバムの詳しい内容は後述する。

同年3月には、ポニーキャニオンが『ＡＹＡ&なかよし応援団/プリンセスピーチ　マリオの大冒険/ＧＯＧＯマリオ!!』を、『ファミコン・ミュージック』よりも早いタイミングで発売している。本アルバムは、人気ラジオ番組『オールナイトニッポン』の企画から生まれたもので、メロディに合わせた歌詞を乗せて収録していたのが大きな特徴であり、番組中でも繰り返し放送された。同じく3月には、ファウンハウスもオリジナル曲を収録した『スーパーマリオブラザーズ オリジナル・サウンド・トラック』を発売している。

5月には、キングレコードが『BONUS21 スーパーマリオブラザーズ -マリオ・シンドローム-』を、徳間ジャパンが『スーパーマリオブラザーズ 噂のモモコ姫』と『スーパーマリオ・シンドローム』を相次いで発売した。これらのアルバムは、いずれもアレンジ曲を中心に収録している。当時のファミコンブーム、とりわけ『スーパーマリオブラザーズ』の人気がいかにすごかったのかが、各社がひしめき合うようにしてアルバムを出していたことからも如実にわかる。

さらに同年5月には、アポロンもファミコン版の『グラディウス』の曲を収録した『オリジナル・サウンド・オブ・グラディウス』を発売して市場に参入を果たすと、10月には『組曲ドラゴンクエスト』を発売した。『グラディウス』は、コナミが1985年に発売し、大人気を博したアーケード用シューティングゲームで、当時のゲームファンの間ではコナミの代名詞ともなっていた作品であり、BGMも非常に高く評価されていた。各ファミコン専門誌でも、本作の移植版が発売される前から注目タイトルして盛んに誌面を賑わせていたと筆者は記憶している。アポロンが元祖アーケード版ではなく、ファミコン版の収録を選んだのは、当時ファミコンブームの真っ只中だったからであろう。(※翌87年には、アーケード版の曲を収録した『オリジナル・サウンド・オブ・グラディウス&沙羅曼蛇』も同社

から発売された）

『ドラゴンクエスト』は、１９８６年5月にエニックス（現：スクウェア・エニックス）が発売し、現在もシリーズ作品が出続けている日本を代表するＲＰＧ（ロールプレイングゲーム）である。『組曲ドラゴンクエスト』は、ゲーム自体の人気に加え、作曲者の大御所すぎやまこういちが自ら指揮を執り、東京弦楽合奏団によるゲーム音楽史上初のオーケストラ演奏版の曲も収録されたことで、その存在はゲームファンに以外にも広く知られることとなった。

余談になるが、小尾と大野によれば、何とすぎやまこういち本人が、アルファレコードのゲーム音楽アルバムに付いていたアンケートハガキを書いて送ったことがあったという。今となっては、本当にすぎやま自身が出したのかは知る由もないが、すぎやまはＰＣ用ゲームソフトのアンケートハガキをエニックスに送ったことが縁で、ゲーム音楽の作曲を始めた経緯があるので、信憑性は極めて高いと言っても差し支えないだろう。

当時、アポロンで営業や音源制作をしていた黒川文雄によると、同社もアルファレコードと同様に、市場に参入した当初からかなり儲かっており「特に『ドラクエ』は、あの当時ヒットのなかったアポロンにとっては大ヒット商品だった」という。

アポロンは、ゲーム音楽関連のアルバムを「COMPUSIC（コンピュージック）レーベル」と銘打ち、アルファレコードとはまた違ったアプローチで独自のレーベルを展開していた点で注目に値する。「アポロンもアルファレコードと同様に破天荒なところがあったからこそ、アーティスト物やニューミュージックが王道の時代にあって、まだ業界内で評価が定まっていなかったゲーム音楽市場に参入できたのではないか」と、黒川は当時を振り返っている。

「ゲーム音楽」のジャンルが定着する過程を、田中は「レコード会社側がジャンルを作った典型的なケース」と評している。競合各社が手を取り合い、新ジャンル定着のために大々的なコラボ企画を実施することはなかったものの、アルファレコード以外の大手レコード会社が続々と参入して商品の数が増え、それぞれが商品開発や宣伝に注力して『交響曲ドラゴンクエスト』などのヒット商品にも恵まれた結果、徐々に各地のレコード店に「ゲーム音楽」専門のコーナーが設けられ、ビジネス面でも音楽の1ジャンルとして確立するに至った。

以上のような経緯を経て、ゲーム音楽市場が世界に先駆けて日本で形成され、同時に独自の文化も育んできたのである。

黎明期ならではの試行錯誤と苦悩

アルファレコードでは、各メーカーとの契約交渉は順調に進んだ一方、まだ制作ノウハウを十分に持たない制作現場では、黎明期ならではの苦労がいろいろとあった。

ゲームスタジオでのアルバイトを経て、後にサイトロン・アンド・アートでゲーム開発を手掛けた、現マトリックス代表取締役の大堀康祐は、ゲーム音楽アルバムの収録も度々手伝っていた。大堀は高校時代に『ゼビウス』でいち早く1000万点を達成し、その攻略法をプレイヤー仲間の中金直彦と共に書き上げた同人誌「ゼビウス1000万点への解法」（※大堀は「うる星あんず」名義で執筆）を発行するなど、凄腕のプレイヤーとして全国に広く名前が知れ渡っていた人物だ。

大堀は優れたゲームの腕と知識を買われ、アルバム制作時は収録タイトルのリストアップをはじめ、各メーカーから基板を調達する仕事に加え、スタジオではゲームのプレイヤーとして収録に参加した。スタジオには録音専門の技術者がいるのに、なぜプレイヤーが必要なのかと言えば、タイトルによっては実際にプレイをしなければ、収録したいBG

Mやジングルを流すことができなかったからだ。

初期の時代は、各メーカーが音源データを直接レコード会社に提供する習慣がなく、各メーカーが基板をスタジオに持ち込み、基板のボリューム部分などにミノムシまたはワニ口のクリップを取り付けて録音していた。基板には、一般的なオーディオ出力がなかったからである。

アーケードゲームの基板の多くは、ゲームセンターで定期的なメンテナンスや修理をするために利用する「テストモード」が搭載されている。「テストモード」には、レバーやボタンの入力、画面表示が正常に動作しているかを確認するメニューのほか、各種BGMまたはSEを任意のタイミングで再生することができる「サウンドチェック」などの機能がある。「サウンドチェック」は、本来は音源の動作チェックやスピーカーのボリュームの調整に利用するものだが、アルバムの収録にもこの機能が大いに役立っていた。

ところが、古い時代の基板には「テストモード」はあっても「サウンドチェック」の項目が存在しないものもあった。そこで「サウンドチェック」がない場合は、一部のメーカーでは任意のタイミングで曲を再生できるように設定した、テスト用の基板をあらかじめ用意することもあった。

特に大変なのが、「サウンドチェック」とテスト用の基板のどちらもない状態での収録であった。この場合は、大堀のような腕の立つプレイヤーをスタジオに呼び、敵のキャラクターを一切攻撃せずに逃げ回るプレイをしてもらいながらBGMを収録していた。もし敵を攻撃すると、ショット発射音などのSEが入ってしまうので収録中はひたすら逃げ回る必要があり、そうなるとスタジオでたまたま手の空いたゲームの素人を使って収録するのは、まず不可能だからである。

ただ、タイトルによってはどうしても逃げ回るだけでは先に進めないものがあり、やむを得ず敵を攻撃しながら収録、すなわちSEも込みで収録せざるを得ないケースもあった。ただでさえ、途中で敵にやられてミスをしたら即NGとなる、緊張感の張り詰めたスタジオで「逃げ回りパターン」を作って完遂するのは、想像を絶するほどのプレッシャーがあっただろう。大変な苦労を強いられてうえで作ったアルバムなのに、いざ発売すると一部のファンからは「何でSEが入ってるんだ!」とのクレームがハガキなどで送られて「つらい気持ちになった」(大堀)というのだから驚きだ。

収録環境の問題もあったことで、ゲーム音楽アルバムが出始めた時代にはファンの間でBGMに加えてSEも収録すべきか、それとも外すべきかで意見が分かれていた。特に、ゲームの攻略にこだわって遊ぶプレイヤーは、SEは一切不要であり、純粋にBGMやジングルだけが聴ければいいという「原曲原理主義」が多かったという。その一方で「自宅でもゲーム体験がしたいから、プレイ中の音をそのまま入れてほしい」といった寛容な意見も、アルバムを購入したファンのアンケートハガキや、「G.M.O.アソシエイツ」のファンクラブ会員からも寄せられていた。

また、ファミコンなど家庭用ゲームの曲を収録したアルバムに至っては「ファミコンの曲は、自宅にゲームがあって普通に聴けるからアルバムにしなくていい。ゲーセンで100円を入れずに済むから、アーケードゲームの曲だけを聴きたい」と、その存在すらも認めない手厳しい意見もあり、制作サイドは新譜を作る際に毎回頭を悩まされた。

ほかにも「このタイトルの曲は入っているのに、何であのタイトルは入っていないんだ!」とか「この曲が抜けている!」といったファンからのリクエストやクレームは、ハガキなどを通じて頻繁に届いていた。1988年にサイトロン・アンド・アートが制作した『究極タイガー－G.S.M TAITO 2－』に収録された、タイトーのアクションゲーム『ラスタンサーガ』の曲のように、メーカーのスタッフのチェックミスが原因で収録を忘れる(※ステージクリア時に流れるジングルが未収録)ケースもあった。

ちなみに『ビデオ・ゲーム・ミュージック』に収録された10タイトルは、発売された年代順で選んでいないため、ナムコのビデオゲーム第1弾である『ジービー』や『タンクバタリアン』『キング&バルーン』など最初期のタイトルは収録されていない。また、大野木が後に『ログイン』に掲載された遠藤との対談記事で「『ポールポジションII』の7〜20位のネーム入れ音楽が入れられなかったのはちょっと残念」と振り返ったように、本アルバムには元祖『ポールポジション』は収録されたが『II』は収録されていない。なぜ『II』の曲が未収録だったのかは不明だが、作曲者である大野木自身が録り忘れることはまず考えられないので、何か録音時に技術的な問題が発生したのかもしれない。

アルバムのリリースが増えるにつれて、レコード会社とゲームメーカーのスタッフ同士が徐々に仲良くなると、基板から直接収録するのではなく、必要な曲やSEをあらかじめメディア化した状態でメーカーが納品するようになった。ところが、メーカーから指示された順番どおりに曲を編集したにもかかわらず、実際のゲームでは曲が流れる順番が入れ替わっていたというアクシデントが時折あった。これは開発版で設定した曲の順番が、製品版では変更があったことを収録時に知らされていなかったのが原因である。その結果、アルバム制作側には何の落ち度もないのに、ファンからは「順番が違う」などと怒られることも度々あった。

ファンたちが、少しでも気に入らないことがあればすぐに反発するのは、裏を返せばゲーム音楽のクオリティが認められ、アルバムのニーズがあったことの何よりの証拠だろう。現在もインターネット上では、通販サイトで古いアルバムのカスタマーレビューを事細かに書き込むファンもいれば、ダウンロードに一度失敗しただけで★1個の最低評価を下すファン（?）もおり、今も昔も彼ら彼女らの厳しさは変わらないようである。

アレンジ曲の収録も
ひと苦労

いわゆる打ち込み、または生演奏によるアレンジ曲が聴けるのも、ゲーム音楽アルバムの楽しみのひとつである。『ビデオ・ゲーム・ミュージック』では、監修した細野が自らアレンジ曲の制作を買って出たが、ナムコ以外の各メーカーにアレンジ曲の制作、発注をしようと最初に発案したのは大野善寛であった。実機では聴けないアレンジ曲を入れることで、アルバムの付加価値を高めるとともに、各メーカーまたはコンポーザーの音楽性をより引き出す狙いがあったからである。

ここでも、前述したSEなどと同様に「アレンジ曲を入れるぐらいなら、ほかのタイトルの曲を入れてほしい」という「原曲原理主義」と、「ゲームのBGMはゲームセンターで聴けるからアレンジ中心にしてほしい」と考えるファンとで意見が分かれていたことも、今の目で見れば面白いところである。

当時、アルファレコードが起用していたゲーム音楽のアレンジャーのひとりが、国本佳宏である。国本は前述の『ザ・リターン・オブ・ビデオ・ゲーム・ミュージック』をはじめ、多くの作品でアレンジを手掛けた。

大野によると、昔のアルバムのライナーノーツに掲載していた楽譜は、当初はメーカーから提供を受けたものではなく、何と楽譜を起こすフリーランスの専門職やピアニスト、または編曲者に外注し、耳コピーで作っていた。アルバムにアレンジ曲がどれだけ入るのかは、各メーカーのコンポーザー、サウンドチームの協力に専ら依存し、毎回積極的にアレンジ曲を提供するメーカーもあれば、アレンジ曲を作りたくてもリソース不足で、基板から原曲を入れるだけで精一杯のメーカーもあった。

初期のアルファレコードのアレンジ曲は、基本的にはシークエンサーでトラックごとに入録して鳴らす形で収録したが、キーボードなどの楽器をリアルタイムでソロ演奏するケースもあった。ただし、LPレコードを制作する場合は、あまりにも低い音を鳴らすとレコード針が飛んでしまう危険性があるため「特に低域部分のアレンジには気を使った」と、80年代からゲーム音楽のアルバム制作に参加していた某アレンジャーは証言している。

また、アルバムによってはアーケードゲーム中心の構成でありながら、アレンジ曲だけ家庭用ゲームの曲が入るケースもあった。メーカー側が「今のウチのイチ押しなので、ぜひ宣伝したい」と、アルバムを販促に活用したいと考えたのがその理由だ。家庭用のアレンジ曲が入ったアルバムは、レコード会社側が「これを買うお客さんは、みんなアーケードのファンですよ?」と注意しても「まあ、そうおっしゃらずに……」とメーカー側が押し切る格好で収録が決まるケースが多かったようである。

一部のアルバムには、最後にSEやキャラクターのボイスをまとめたトラックが収録されているのも、ゲーム音楽アルバムならではは面白いところだ。さらに、実際のゲーム中には流れない未使用曲、いわゆる「ボツ曲」も収録することでアルバムの付加価値を高めたケースもしばしば見られた。

大野はSEやボイス集、未使用曲を収録するのは「当初はSEやボイスのように、音楽作品ではないものをまとめるのは単なるアーカイブであり、それは自分たちの仕事なのだろうかという葛藤があった」という。それでも、ファンが喜んでくれるならばと、多くのアルバムでSE集の収録を実現させた。なおボツ曲の収録は、『ザ・リターン・オブ・ビデオ・ゲーム・ミュージック』の『ドラゴンバスター』のトラックですでに行われていた（※本作の製品版では流れないネームレジスト曲が入っている）。

初期の時代は、ライナーノーツに掲載された収録タイトルの解説は『ゲーメスト』や『マイコンBASICマガジン』などのライターがしばしば執筆していた。単なるゲームの内容や曲の解説だけでなく、現在のインターネットで検索してもなかなか情報が見付からない、アーケードゲーム基板の性能や、マニアックな裏技などが詳しく載っているのはこのためだ。

ゲーム音楽アルバムでも、古くからライナーノーツに作曲者、あるいはゲーム開発者たちが曲の解説や、制作当時のエピソードなどを語った読み物を掲載するのが定番となっている。大野によれば、メーカーのスタッフに原稿の執筆を依頼するアイデアを考えたのも「おそらく自分」だという。『ザ・リターン・オブ・ビデオ・ゲーム・ミュージック』で、小沢がライナーノーツに寄稿したのを機に、やがて「コンポーザーの声も表に出したい」と大野が考えるようになったことと、ファンから「コンポーザーの声を聞きたい」との要望を反映させる形で、ライナーノーツでの直筆コメントの掲載を定着させた。

昔のゲーム音楽アルバムのライナーノーツに、今ではなかなか耳にする機会のない、コンポーザーの作曲時の発想や開発環境などの貴重な証言が載っている事実は、今となっては熱心なゲームファンの間でもほとんど知られてない感がある。以下、ライナーノーツに記載された、コンポーザー自らが筆を取ったコメントの実例をいくつか引用する。

・「『ハングオン』発売以前、GAME MUSIC（※原文ママ）は、メロディとそれを刻むリズムは電子音が入っているぐらいで、あまりにも一般的な音楽との開きがあった。『ハングオン』を機会に、このギャップをなんとか縮めたいと考え、我々はFM音源（8チャンネル）とサンプリング音を再生可能なハードウェアを設計、完成させた」：『セガ体感ゲーム・スペシャル』（アルファレコード／1987年）

・「効果音中心のゲームなので音楽は控えめに」：『タイトー・ゲーム・ミュージック』（アルファレコード／1987年）の『アルカノイド』の解説

・「3年半もの前のゲームサウンドなど聞いて思い出してくれている人がいるだろうか。コイツのヒットのおかげで私の生活水準はずい分ましになった。当時は音源に制限が多く、データ量も少なかったため曲と呼ぶにはあまりにも単純で、今更レコードにされるのは製作者としては嬉しさ以上に恥ずかしさでいっぱいだ。自分では精一杯勇ましいつもりで書いた曲が実際はどこかイメージがずれている。まあいいか……」:『究極タイガー -G.S.M TAITO2-』(サイトロン/1988年)の『タイガーヘリ』の解説

・「サンプリングキーボードを持っている人は、『クレイジークライマー』のしらけ鳥の鳴き声をサンプリングして何オクターブか下げてみよう。おもしろいことがわかりますよ」:『ゲーム・サウンド・ニチブツ -G.S.M Nichibutsu1-』(サイトロン/1988年)

アルファレコードのファンクラブ「G.M.O.アソシエイツ」の会報『P.S.G.VOL.4』には、大野木のほか小尾、大野木などアルファレコードのスタッフが参加した、1987年に発売されたアルバム『ナムコ・ゲーム・ミュージックVOL.1』の収録現場レポート記事「ナムコVGMの録音に立ち会ったんだよ」が掲載されている。

同記事には、プロデューサーとして参加した大野木が、自身が作曲した『ホッピングマッピー』のトラック編集にあたり、デッキ担当者にテープのカットなどを指示する様子や「V

GMの編集をさせたら、3人がやめてしまったとか」との記述もあり、まだ制作ノウハウが確立されていなかったゲーム音楽の編集は、編集のプロでも余程大変な作業だったことが窺える。

さらに大野木は、『ホッピングマッピー』のクレジット音を収録しなかったことについて「みっともない。切ろう」と記事中で発言している。「音楽として聴いたとき、この曲にはこの音は似合わない。鳴っていると変だ」と大野木が判断したのがその理由だ。アーケードゲームならではの曲、またはジングルであるクレジット音がカットされてしまうのは、ことアーカイブの観点からはマイナスだろう。だが、純粋に音楽を聴かせるための商品としては不要であると、当のコンポーザー自身が判断を下していた事実は非常に興味深い。

記事中では、大野木がゲーム音楽でマスターテープを作る方法は3種類あると解説している。前の曲が終わると同時に、ゲーム中に本来は連続して流れない曲を続けて流す「ケツカッチン」と、前の曲が終わってから同テンポで4拍目からスタートする「インテンポ」、そしてもうひとつは「気持ちのいい所でつないで下さい」と指示を出すという、何ともアバウトな方法だ。大野木によれば、最後の方法は疲れてくるとこの方法が多くなり「こうして曲は出来ていくのだ!!」と力説（？）している。

『ナムコ・ゲーム・ミュージックVOL.1』に収録された、当時の最新作である『源平討魔伝』は、従来のナムコのカスタムICではなく、FM音源を使用していたせいなのか「動かし方(曲のプリセットの仕方)が『?』だったので次回に見送り」と、当初は収録がうまくできなかったことが書かれている。

もっと驚きなのが、何と本記事を書いた「TAKI」こと大瀧和典が、『源平討魔伝』の基板にヘッドフォン端子があることに気付いたおかげで、ステレオ収録が可能になったと記事中に書かれていることだ。さらに大瀧は、本アルバムに収録された『サンダーセプター』の曲の編集を担当し、大野木に「しつこい」と尺の長さを注意された逸話も披露している。ファン会報の制作スタッフ、つまり本来は部外者であるはずの大瀧が、商業用アルバムの編集にも関わっていたとは、今となってはウソのような話だ。

ボーカル曲としても楽しめることを証明したナムコゲーム音楽

やがてナムコのゲーム音楽アルバムは、アルファレコードに加えてビクターからも発売されるようになった。ビクターによるアルバムを通じて、ナムコのゲーム音楽は細野ら有名アーティストの手によるアレンジ曲だけでなく、ボーカル曲としても楽しめることを見事に示した。

そのきっかけを作ったのは中潟であった。中潟は、大学時代の音楽仲間に「ゲーム音楽なんかやってるのかよ……」と冷やかされ、自分たちの作品が世間的にまだまだ認められていないことを痛感し「ハード上の制約がある中でも、実はちゃんとした音楽を作っていることをぜひ知ってもらいたい。そのためにも、自分たちでアルバムを作ってみんなに聴かせたい」との強い思いを思っていたからだ。

そこで中潟は、当時ナムコがスポンサーをしていたラジオ番組『ラジオはアメリカン』の制作会社で、中村雅哉の実弟である中村歓が社長を務めるPRPにアルバム制作の相談を持ち掛けた。PRPの中村は、当時ビクターの制作3部長であった飯田久彦と昵懇の仲だったことから飯田をナムコに紹介し、さらに中村雅哉の了解も得てアルバムの制作が決定した。ちなみに飯田は元歌手で、後にテレビ番組『スター誕生』でスカウトしたピンクレディーなど有名アーティストのディレクターも務めた人物である。

アルバムのディレクターを担当したのは、同3部の今井茂樹で、今井は社内でもゲーム好きとして知られており、大のナムコファンでもあったことから白羽の矢が立った。今井はナムコのスタッフとの打ち合わせの席で、ボーカルアレンジ曲の収録などいろいろなアイデアを提案し、ビクターの総力を挙げて作詞や作曲、声優スタッフをアテンドすることを約束し、中潟も「思ったものが実現できそうだ」と好感触をつかんだ。

ナムコボーカル曲の素晴らしさを最初に世に知らしめたアルバムは、1986年3月にビクターが発売した『ビデオゲームグラフィティ』である。本アルバムは、前半が「NAMCO FRESH GAMES」と題した、ジー・ファイヴの演奏による当時の新作タイトルのアレンジ曲を5曲収録し、後半は「パックマンの不思議なドライブ」と題した、パックマンやマッピー、プーカァなどのキャラクターたちが、みんなでドライブに出掛けるというストーリー仕立てでのおしゃべりを交えながら、4曲のボーカルアレンジ曲が流れる構成になっている。

本アルバムのライナーノーツには「『ゲーム音楽からPop Musicへ』後半のアルバム作りは、ここからスタートした。（中略）『歌ものにしよう。』そう決めた瞬間、ゲーム音楽は、ROMに焼かれたデジタル符号から、歌謡曲へと昇華した」と書かれているように、『ニューラリーX』『ディグダグ』『マッピー』『リブルラブル』を題材にしたボーカルアレンジ曲は、いずれもカラオケでも違和感なく歌える、実にポップで楽しい曲に仕上がっている。

本アルバムの収録曲は、米光亮のアレンジをベースに、ナムココンポーザー陣で話し合って作られた。川田によると『スターラスター』のアレンジ曲は、当時の川田と米光の自宅がたまたま近かったことから、川田が米光の家に出掛けて直接資料を渡したり、曲を聴かせてもらったりしたことがあったそうだ。なお米光も、本アルバムに参加したのを機に、ナムコ作品に限らずゲーム音楽の作曲、アレンジを多数手掛けることになる。収録は、当時の名だたるスターたちも使用していた、ビクターの青山スタジオで行われ、日吉ミミが『リブルラブル』の曲を演歌調にアレンジした「目蒲線の女」を歌う姿を見た中潟は「感動した。スタジオでは、自分たちの収録とは関係のない、いろいろな歌手やアイドルにも会えたのでとても楽しかった」とのことで、スタジオには出番を待つアーティストたちのためにアーケードゲームの筐体も置いてあったそうだ。

中潟が「ボーカルアレンジという形で、ゲーム音楽の可能性を広げることができたと思う」と振り返るように、本アルバムは自分たちが手掛けた曲のクオリティの高さを見事に証明した、掛け値なしの名盤となった。本アルバムのジャケットに描かれている、レジンを使ってゼリー状の食べ物をイメージして作られたオブジェクトを作成したのは、『ゼビウス』でキャラクターの原案デザインを担当した、遠山茂樹ほかナムコの社員たちである。

音楽といいジャケットデザインといい、ナムコの開発者たちの豊かな才能と異常なまでのこだわりぶりには、ただ舌を巻くばかりである。

正確な販売枚数は不明だが、本アルバムが人気を博したことで、後にビクターが帝国ホテルで開催したヒット謝恩会にナムコのスタッフが招待されて表彰を受けた。会場には荻野目洋子や由紀さおりなどの有名アーティストが多数参加しており、これ幸いとばかりに記念撮影を何度もお願いして回っていたスタッフもいたそうだ。

『ビデオゲームグラフィティ』の成功を機に、以後ビクターからナムコのゲーム音楽アルバムが多数リリースされるようになり、１９８６年の9月にはファミコン用ソフトの曲を多数収録した『ナムコットゲームア・ラ・モード』が早くも登場。本アルバムには、ファミコン版としては発売されなかった『リブルラブル』のアレンジ曲までもが収録されていた。翌１９８７年には『ビデオゲームグラフィティＶＯＬ．２』が、１９８８年には『ナムコットゲームア・ラ・モードＶＯＬ．２』と『ビデオゲームグラフィティＶＯＬ．３』がリリースされた。ナムコとしても自分たちの作品が世に残り、宣伝にもなってロイヤリティ収入も入るとの判断から、アルバム制作を積極的に後押ししたものと思われる。

小沢によると、ファミコン用ソフトの原曲を収録する際は、音を同期させるのがとても難しかったので、宇田川に頼んで改造してもらった収録専用のファミコンをスタジオに持ち込んだうえで収録していた。しかも、この機材は1チャンネルずつ鳴らす機能があったため、通常のファミコン本体では体験できない、多重のステレオで収録ができたことも、これらのアルバムに大きな付加価値を与えることとなった。

ちなみにビクターの飯田は『ナムコットゲーム ア・ラ・モードVOL．2』の収録曲「恋のダーク・ホース」（※競馬を題材にしたファミコン用アクションゲーム『ファミリージョッキー』のアレンジ曲）のボーカルも担当した。本曲の途中に入る実況の声の主は、大ヒット曲「走れコウタロー」で有名な元ソルティーシュガーのメンバーで、当時は同社の課長であった高橋卓士なのも驚きだ。

これらのアルバムでボーカルアレンジ曲の制作にあたり、とりわけ優れた才能を発揮したのが、プログラマーでアイドル好きでもあった弓達公雄である。弓達の学生時代の専攻は心理学で、音楽は「ポータサウンドで遊ぶ程度だった」という。そんなプログラマーが本職の弓達が作詞を任されたのは、当時の職場で隣りの席にいた小沢から「作詞する人がいない……」との声が聞こえたので、自ら仕事を買って出たのがきっかけだった。

弓達は『ビデオゲームグラフィティ』に収録された「ちょっとマッピー男の子」「恋の

ディグダグ」「目蒲線の女」の3曲で作詞をしたほか、プログラムを担当したアーケード用アクションゲーム『ワンダーモモ』ではBGMも自ら作曲し、『ビデオゲームグラフィティVOL.2』に収録された同名のボーカルアレンジ曲の作詞も手掛けた。

いずれの曲の歌詞も、ゲームに登場するキャラクターやギミックなどの単語を散りばめ、それぞれの世界観が実に巧みに取り込まれている。例えば、当時大人気だったアイドルグループ「おニャン子クラブ」をほうふつとさせる曲にアレンジされた「ちょっとマッピー男の子」には……、

「モナリザさ　君はなんて　くどいても　許せないわ　だめ！」

「MYハート、トランポリンみたいよ」

「恋のおとしあな　御用心、御用心」

といった歌詞が登場する(※モナリザは『マッピー』の得点アイテムの一種で、トランポリンと落とし穴も本作に登場するギミック)。ゲームセンターでデートの待ち合わせをする、女の子の心情を歌った「恋のディグダグ」では……、

「私のこころ　なぜかふくらむ　恋のポンプで」

「おなかいっぱい　食べてください　恋のお野菜」

「パンクするほど　DIGDUGしてね　モリでつついて」

などといった具合だ（※『ディグダグ』は、主人公が敵を倒すための武器としてモリとポンプを使用し、野菜などをモチーフにした得点アイテムが登場する）。

さらに驚くべきは、『ワンダーモモ』のアレンジ曲で、今井の発案によりツインボーカルのアイデアを取り入れていたことだ。本作は1987年に発売された、ヒロインのモモを操作してキック攻撃などで敵を倒していくアーケード用アクションゲームで、モモは「つむじ風」に乗るか、または回転すると変身する特徴があった。そこで本曲では、変身前の可憐な少女と、変身後に勇ましくなった場面を歌うボーカルを分ける、素晴らしいアイデアを盛り込んだ。

ゲームの世界観を損ねることなく、これほどまでに完成度が高いボーカル付きのアレンジ曲を、まだゲーム音楽が本格的に誕生して間もない1986年の時点で作り上げていた事実には改めて驚かされる。当時から今井とは面識のあった大野は、他社が次々にゲーム音楽アルバム市場に参入する中にあって唯一、今井だけは「ヤバイ、この人は『わかっている』な」と思っていたという。

ビクターでは、新作タイトルの曲をなるべく早く、なおかつ収録タイトルを少数に絞り、安価で提供することをコンセプトとしたアルバム『ナムコゲームサウンドエクスプレス』シリーズも多数リリースしている。本シリーズも今井の発案で誕生したもので、前述したように１９８９年に発売された第１号作品『ワルキューレの伝説』は、いきなり『オリコン』で上位にランクインする快挙を達成した。

川田によると、ゲーム音楽でのアルバム作りは基本的に録音だけすればオーケーではあるが、実はアレンジ曲も入れることで、アレンジャーなどからその作り方を学ぶ狙いも持っていた。ビクター制作のアルバムは、あらかじめ日程を決めておいてスタジオに泊まり込んで収録し、青山のほかにも関東一円にあった大半のリゾートスタジオにも出掛けたので、収録は毎回合宿のようだったという。「最先端の施設でいろいろなノウハウが学べたので、後々ナムコがＰＣＭ音源を導入したときにアドバンデージを出せたのは、この積み重ねが要因だったと思う。趣味が高じて各地のスタジオに出掛けたことで、先を見据えた機材の導入もできていた。『ビデオゲームグラフィティＶＯＬ．２』の収録のときには『妖怪道中記』のアレンジ曲を演奏した方とも直接現場で一緒になり、すごく勉強になったし楽しかった」（川田）

なおナムコ作品を収録したゲーム音楽アルバムは、アルファレコードとビクターのほか、後にポニーキャニオン（サイトロン）、アポロン、キティレコードなどからも発売されており、いかに人気が高かったのかが窺える。

アルファレコードとゲームスタジオ組が合流——「サイトロンレーベル」の誕生

小尾は1988年にアルファレコードを退社して独立し、サイトロン・アンド・アート（※以下、サイトロンと略記）の代表取締役に就いた。実は、同社の設立に重要な役割を果たしたのが、またもやナムコOBなのである。

サイトロンの前身は、ゲームスタジオ内で「音楽専門の兄弟会社を作ろう」との話が持ち上がり、大野木が代表取締役となって1986年に設立したデジタル・エンタテイメント・カンパニーである。そこにアルファレコードを退社した小尾らが加わり、同時に社名を変更した。設立当時のオフィスは、ゲームスタジオと同じマンションのひとつ上の階に構えた。

小尾が独立を決断したきっかけは、アルファレコードの経営悪化であった。同社ではY

MOのブームが去った後にアメリカ進出を目論んだがうまくいかず、やがて自動車販売のヤナセが経営に参加したが、違う畑の業界から来た経営陣との考え方が合わず、自分たちが思うようなアルバムを作らせてもらえる環境が徐々に失われていった。

もうひとつの動機は、パッケージビデオなどの映像制作をやりたいと思うようになったことである。当時のアルファレコードでは、ビデオの制作はほとんど実施していなかったが、ビデオゲームに関わる仕事をしているのであれば、アルバムに比べコストは掛かってしまうが「音楽だけではなく映像もできるだろう、やったほうが面白いだろう」と考えていた。だが、会社にビデオ収録の話を何度持ち掛けてもまったく乗り気ではなかったことから、やがて小尾らは自分たちが作りたいものを作るために独立する道を選んだ。

小尾によると、社名の由来は「エンターテインメント性もあれば純粋な芸術性もある、サイエンスとアートを融合させた名前を付けようと思って決めた。ただ、サイエンス&アートでは一般的過ぎるなと思ったので、ちょっともじった」とのこと。また大野によれば「サイエンスと『TRONプロジェクト』の『トロン』の組み合わせでもあったと思う」という。設立直後の同社は、アルファレコードにいた大野（※後に大野も同社に移籍し、数々のゲーム音楽アルバムのプロデューサーを務めることになる）から、原盤制作の注文を受ける形で業務を行っていた。

同社では、元ナムコ組が全員プログラマーということもあり、アルバムと映像制作に加えてゲーム開発部門も設け、大野木がそのトップに就いた。当時大ブームだった、ファミコン用ソフトの開発を視野に入れてのことで、後に『サンリオカーニバル』や『アタックアニマル学園』などの開発を手掛けた（※前者は後にゲームボーイ版も発売された）。

さらに社名の変更に合わせて、アルバムなどの販売会社を従来のアルファレコードからポニーキャニオンに変え、新たに「サイトロン」レーベルを立ち上げた。ポニーキャニオンと組んだのは、かつてアルファレコードではビデオの販路を持っていなかったため、同社に販売を依頼した経緯があったからだ。ビデオの流通ルートも確保したことで、後に同社は『アフターバーナーII』『グラディウスII』など、1タイトルに絞ったアーケードゲームの攻略動画を収録したビデオのほか、特定のメーカーに絞って歴代のアーケードゲームのプレイ動画をまとめた『TVゲームの歴史：タイトー編1』『同2』など、趣向を凝らしたビデオも多数制作することになる。映像作品はビデオに限らず、やがてマルチメディアという言葉がもてはやされる時代になるとCD-ROMでの制作も手掛けるようになった。

サイトロンに移籍後の大野は、当初は市ヶ谷にあったポニーキャニオン映像制作部のオフィスに設けられた「サイトロン室」の席に数年間常駐して業務を担当した。後に大野がサイトロンのオフィスに席を移したときには、同じ会社でありながら面識がないメンバーもいたという。ポニーキャニオンは、現在の言い方ではベンチャーにあたるサイトロンの設立直後から好意的で、小尾によればアルバム1作につき制作費をいくらまで出す、印税はいくら払うといった諸条件をしっかり提示し、搾取されるようなことは特になかった。

こうした経緯から誕生した同社の第1号アルバムは、1988年6月に発売された『ニンジャウォーリアーズ G.S.M TAITO 1』であった。「G.S.Mレーベル」もサイトロンの独自レーベルであり、1枚のアルバムに3～8タイトル程度の曲を収録する形で発売していた（※本アルバムには『レインボーアイランド』などの曲も収録されている）。さらにサイトロンでは、収録タイトルを1、2タイトルに絞り込み、その名のとおり定価を1500円に設定した「G.S.M 1500レーベル」も多数発売するようになった。

これらのレーベルを立ち上げた背景には、前述のビクターの『ナムコゲームサウンドエクスプレス』シリーズと同様、ゲーム業界ならではの事情があった。ゲーム音楽アルバムを制作するためには、多くの場合数タイトル分をまとめて収録する必要があるが、新作タイトルのリリースまでに時間が掛かると、それ以前に出たタイトルの旬を逃してしまうリスクがあった。そこで、ちょうど8㎝のシングルCDから12㎝のマキシシングルが出てきたタイミングでもあったことから「シングル感覚で1タイトルずつ、1500円の低価格で出そう」と始まったのが「1500」シリーズだった。

サイトロンでは、「1500」シリーズによってフルアルバムではなかなか出せないメーカーであってもカバーできるだろうという狙いもあった。事実、本シリーズのお陰でUPLや日本物産、SNK、東亜プランなど、大手に比べてタイトル数が少ないメーカーのゲーム音楽アルバムが多数発売された。ファンにとってはとても新鮮で、なおかつ安くて気軽にゲーム音楽が楽しめるメリットを享受できる、まさにWin-Winの商品になったことも特筆すべきだろう。

なお、収録タイトルを絞り込み、手頃な価格にしたゲーム音楽アルバムは、すでにサイトロン以外のレコード会社でもいくつも前例があった。だが、サイトロン以外の作品は、例えば「ナムコ ゲームサウンドエクスプレス」シリーズなどのように、ほぼ大手メーカーのタイトルに限られていた感がある。よって、商品のバリエーションやファンの裾野を広げたという意味では、サイトロンの「G．S．Mレーベル」が果たした役割は極めて大きかったように思われる。

また小尾によれば、サイトロン・アンド・アートの設立直後によく売れていたのは、セガの『ギャラクシーフォース』やタイトーの『ダライアス』など、アーケードの大型体感筐体を使用したタイトルや、カプコン作品を収録したアルバムだった。さらに時代が進むにつれて、徐々にクオリティが向上したことでファミコン用ソフトの曲を収録したアルバムの売上も伸びていった。同社の初期の時代は、ゲームソフトはひんぱんに作れないので、主な収入は毎月いろいろなメーカーのアルバムやビデオをコンスタントに制作することで得ていた。小尾は資金繰りに奔走する日々を送ったが「たいへんだったが楽しかった」と振り返る。

またサイトロンは、1988年に開局したばかりのFM富士で、木場剛（バッキー木場）がMCを務めたラジオ番組『GAME MUSIC LAND』の一社提供スポンサーとなり、自社の新譜の曲を流すPR活動も行っていた。ほかにも、新譜情報をはじめ新作ゲームソフトの紹介や、アミューズメントマシンショー（※最新アーケードゲームの展示イベント）の速報、イラストレーターのしりあがり寿のCGなどを収録していたビデオマガジン『デジタル・ビデオ・プレス』を、全国各地のレンタルビデオ店で無料レンタルするサービスを同年11月に開始したが、こちらの制作はわずか2号で終了となってしまった。ビデオマガジンこそ短命に終わったが、以後サイトロンでは10年以上の長きにわたり、ゲーム音楽アルバム市場を牽引する存在となったのである。

ファンクラブの結成——ゲーム音楽ファン独特の交流活動

1984年に誕生して間もないゲーム音楽市場にあって、アルファレコードを介してファンクラブ「G.M.O.アソシエイツ」が1987年1月に結成され、不定期に会報を発行していたほか、ファン同士でお茶会などを開催して草の根活動を続けていたことも、日本のゲーム音楽史における特筆すべき出来事である。

ファンクラブは小尾の発案で「ファンクラブ会報みたいなものを作って」と大野に指示を出したところから準備が始まった。初期のスタッフは、大野がアルファレコードに送られてきたアンケートハガキの中から、とりわけゲーム音楽について熱く語り、連絡が取りやすい関東近郊の在住者に条件を絞り、片っ端から電話を掛けてスカウトした。またアルファレコードでは1986年の秋頃から、ゲーム雑誌に出稿した新譜の広告に『GMOアソシエイツ』を結成したいと思っているんだ。（中略）君たちの意見をいろいろ聞かせてほしい。次の住所まで、ハガキでどんどん送ってね」と、ファンから意見を募集する一文も載せていた。

最初に集まったスタッフは5、6人ほどで、中には女子中学生も含まれていた。各スタッフはアルファレコードと業務契約を結ばず、あくまでファンクラブとしてのボランティア活動であることを承諾したうえで、印刷や入稿作業などに掛かる費用はアルファレコードがサポートする形で会報の制作がスタートした。つまりレコード会社公認とはいえ、その実態は有志による同人活動であったのだ。

以後、各スタッフは月に2、3回程度、田町にあった同社のオフィスに集まり、ハガキの整理や会報の制作などを行うようになった。コアメンバーの数名は、新譜を制作する際にファン目線で収録タイトルなどのアイデアを出すこともあり、後に大野の勧めでサイトロンの社員となってアルバム制作を担当するようになった者もいた。

当時のおなじみの音源にちなんで『P．S．G．』と名付けられた、会報の創刊第1号は

1987年4月に発行され、以後季刊で発行されるようになった（※第4号のみ、やや発行の時期が遅れた）。会報の掲載内容は、主に新譜情報、曲のレビュー、アルバムの収録現場レポートやコンポーザーのインタビュー、スタッフが耳コピーで書き起こした楽譜、ゲームのキャラクターのイラストなどの読者投稿コーナーであった。当時はゲーム雑誌でもあまり顔を出さなかったコンポーザーが、会報では度々取材に応じていたのも今となっては驚かされる。

あくまで筆者の印象だが、会報には創刊当初から読者投稿も含めナムコ作品を題材にした記事が非常に多かった。制作スタッフも、ナムコのゲーム音楽アルバムの収録現場に嬉々として出掛けたり、小沢など特定のコンポーザーのファンであることを公言したりするなど、とりわけナムコ作品を高く評価していたことが窺える。同じ頃、すぎやまこういちや古代祐三など、実名でゲーム音楽の作曲活動をして有名になる者も現れていたが、会報やライナーノーツに、たとえ仮名であってもコンポーザーの名前を載せることで、特定のメーカーやタイトルではなく、コンポーザーの固定ファンが現れるようになったことも、ゲーム音楽アルバム市場の誕生がもたらした功績のひとつと言えよう。

『P.S.G.』は、大学のサークル活動のノリで集まった有志がボランティアで作っていたこともあり、大野によれば当初の発行部数は100〜200部程度であったという。87年10月に発行された『P.S.G. VOL.3』には「8月16日現在で会員は380人位いますが、まだまだ不安定なのです。最低450人くらいいてくれないと……」との記述があることから、当初は予算繰りがかなり苦しかったようだ。

「G.M.O.アソシエイツ」会員の一般募集は、同社が『Beep』などのゲーム雑誌に出稿していた新譜の広告や、アルバムに同梱されたハガキを利用して行っていた。会費は当初、入会費に加え年額5000円が必要だったが、後に年額2400円に値下げされた。入会希望の郵便と、ハガキやデモテープなど読者投稿の宛先は、初代会長であった当時大学生の「TAKI」こと大瀧の自宅になっていた。

また、ナムコ直営のゲームセンターであるプレイシティキャロット新宿店には、1987年頃に「G.M.O.ノート」と題した、アルバム化を希望するタイトルのリクエストなど、客が自由に「G.M.O.レーベル」への意見を書き込めるノートが設置された。つまり、ここでもナムコがゲーム音楽ファンを「間接支援」していたことになる。

『P.S.G.』が不定期に刊行されるようになると、今後どのような方針でファンクラブを運営すべきなのか、『P.S.G. VOL.4』で会員向けにアンケートを実施した。すると

「3か月程度のスパンが空くのはいかがなものか」との意見が多かったことから『P．S．G．』とは別に、88年1月から『P．S．G．新聞（創刊準備号）』を経て、新たに月刊の『G．M．O．NEWS』が誕生した。

『G．M．O．NEWS』には、主に新譜情報やレビューを掲載し、従来の『P．S．G．』はバラエティ重視の構成にすることで、それぞれの内容が重複しないように誌面を作ることになった。その後、小尾らが独立してサイトロンを設立すると、「G．M．O．アソシエイツ」のスタッフと会員はサイトロンがそのまま継承し、活動拠点も同社のオフィスに移して「F．S．G．（Friendly Scitron Game-entertainment）」と改称。『G．M．O．NEWS』は『F．S．G．NEWS』と名前を変えて発行されるようになった。

元会員で、後に「F．S．G．」のスタッフに加わる山田真也によると、1995年頃は発送準備などの作業だけで、スタッフ総出で約半日近く掛かっていたという。作業が終了後、次号の新譜紹介やレビュー記事を執筆するためのサンプルテープを各自が受け取り、自宅に持ち帰るのが当時のルーチンワークとなっていた。

「F．S．G．」では、首都圏の在住者以外のファンが交流できる場、およ

『P.S.G.』創刊号
（山田真也氏提供）

び会報に寄稿する体制作りを目的とした地方支部も作られた。正確な支部の総数は不明だが、支部の会員間では帰省の時期などを利用してお茶会を実施するなど、自由闊達に草の根活動を行っていた。

中でも変わっていたのが「不幸のデジタル・ビデオ・プレス」と名付けられた企画だ。本企画は、会員たちが3、4人でグループを作り「あなたは何日以内にビデオを見て、ほかのメンバーに回すこと。全員が見終わったら、最後はサイトロンに返却するように」などと文面を添え、サイトロンが作成したゲーム関連ビデオをグループ内で回覧するというものであった。

本来はビデオを回覧するだけの企画だが、遠隔地にいるゲーム音楽ファン同士の貴重な交流の機会とあって、ビデオを回す際にはフリートーク用のノートをわざわざ用意して同封することもしばしばあった。スタッフもノートの自主流通を止めず、むしろ積極的に協力して「おすすめの曲を教えて下さい」「おすすめの曲をカセットテープに録音して一緒に送って下さい」などと書き込んでは、ビデオ以外の荷物もどんどん回されるようになった。「不幸のデジタル・ビデオ・プレス」の後に作られた、ノートだけを回覧

PSG新聞 創刊準備号

『PSG新聞 創刊準備号』
(山田真也氏提供)

する「不幸の文通」の会員でもあった山田によると、本来は1週間単位でノートを回すルールになっていたが、それぞれのメンバーがノートの執筆やカセットテープの編集などに熱中するあまり、全員の回覧が終わるまでに半年近く掛かることもあった。そうなると順番が最後のほうのメンバーにはなかなか回ってこないため、新たに別のノートなどを作って逆の順番で回すこともあったという。当時のゲーム音楽ファンが、いかに熱かったのかがよくわかるエピソードだ。

「F.S.G.」の解散――90年代の市場トレンドの変化

熱心なファンたちに長らく支えられてきた「F.S.G.」だが、1999年に活動を停止、解散されるに至った。山田は解散のきっかけを「サイトロンを取り巻く情勢が変化したことではないか」と指摘する。

「F.S.G.」の趨勢に大きな影響を与えたのは、ファンの人気が高かったセガのゲーム音楽バンド「S.S.T. BAND」が1993年に解散し、同年末にメンバー数人が東芝EMIに移籍したことだった。さらに、翌年にはカプコンがソニーミュージックに移り、タイトーも1996年に自社レーベル「ZUNTATA RECORD」を立ち上げるなど、当時の人気どころが続々と独自にアクションを起こし始めた。また、データイーストのバンド「ゲーマデリック」は、会社の経営悪化によりメンバーが減るなどの影響が出て1997年で活動を停止し、東亜プランは1994年に倒産するなど、80年代からゲームを開発、発売していた看板メーカーが90年代に続々とサイトロンから離れていった。

90年代のゲームセンターと言えば、史上空前の対戦格闘ブームが巻き起こり、地方の駄菓子屋の軒先でも気軽に対戦格闘ゲームが遊べる時代であった。そのブームを大きく牽引していたメーカーのひとつがSNKで、自社製のゲーム機でアーケードと家庭用の両方に展開したネオジオ用のソフトとして『餓狼伝説』『龍虎の拳』『サムライスピリッツ』『THE KING OF FIGHTERS』シリーズなどを次々と発売して大人気を博した。店舗運営にも注力し、ネオジオだけを稼働させたゲームセンターや、東京のお台場などでテーマパーク「ネオジオランド」を運営するなど急成長を遂げていた。

多くのメーカーがどんどん離れる状況下にあって、SNKはずっとサイトロンからゲーム音楽アルバムを出し続けていた結果、同社レーベルの大多数はSNK作品のアルバムとなった。大野によれば、歴代の「サイトロンレーベル」の中で最も多く売れたのは『餓狼伝説2』のサントラであり、また『龍虎の拳』のサントラはオリコンで最高3位にランクインしたこともあった。対戦格闘ゲームのブームを機に、新たにゲームファンとなった若いファン層にも、アルバムはかなりの人気があったことが窺える。

対戦格闘ゲームのブームによって、やがてアルバムの収録内容にも大きな変化が生じた。キャラクターのボイスを、アニメファンの間では有名なプロの声優が担当するようになり、ゲーム音楽アルバムにもボイスがしばしば収録されるようになったのである。サイトロンではポニーキャニオンの協力を受け、声優が出演したゲームのラジオドラマ番組『子安・氷上のゲムドラナイト』を放送し、収録内容をドラマCDとして発売するなど、より声優にフォーカスしたアルバムを次々と発売するようになった。

さらには対戦格闘ゲームに限らず、女性キャラクターばかりが登場する、いわゆる「ギャルゲー」に特化した独自レーベル「ファンタスティックキャラクターシリーズ」も誕生するなど、徐々にアルバムの構成が「声優推し」「キャラクター推し」にシフトしていった。そして商品トレンドが変化した結果「従来のゲーム音楽ファンが『F．S．G．』から少しずつ離れていったのでは」と山田は指摘する。ゲームセンターの筐体や、家庭用テレビのスピーカーを通じて鳴り響く、メロディ重視の曲を聴いてゲーム音楽ファンになったユーザーにとっては、新譜の内容が「自分の求めているものとは違う」と感じたとしても、確かに不思議ではないだろう。

時間の経過と共に、スタッフの多くが社会人となり、会報の制作などに十分な時間が確保できなくなったことも解散の大きな要因となった。事実、本来は季刊であるはずの『P.S.G.』が発行までに1年ものブランクが空くこともあった。スタッフ内でも「会費はずっと同じなのに、この状況はまずい」との問題意識はあったものの、後継者となるべき若いスタッフがなかなか入ってこないこともあり、わかっていても解決できない状況が続き、やがて『F.S.G.NEWS』のニュース面を増やす代わりに『P.S.G.』が年1回の発行に変更となった。もしかしたら、アルバムが音楽から「声優推し」の内容にトレンドが変わったことも、スタッフの後継者が現れなかった原因かもしれない。

90年代後半になると、Windows95が爆発的にヒットしたことでインターネットが一般家庭にも少しずつ普及し始め、コンピューターに詳しくないユーザーでもホームページを気軽に作れる環境が徐々に整っていった。その結果、ネットを介して新譜の情報を得ることが可能となり、見知らぬファン同士でも自由闊達に情報交換ができる場が増えたことも「F.S.G.」の会員が伸びなくなった一因であろう。そして1999年、限界を悟ったスタッフたちがサイトロン側と話し合い、解散の了承を得て、「F．S．G．」は活動を停止した。山田は同年に発行された『F．S．G．NEWS』最終号の1面に「役割は終えたと思う」などとまとめた記事を寄稿している。

「G．M．O．アソシエイツ」に端を発したファンクラブは、あくまで熱心なファン同士で交流ができればオーケーというスタンスであり、ビジネスの観点ではファンクラブを利用した販促活動によって、市場の拡大に大きな貢献を果たしたとは言い難い。とはいえ、紙面には大野木をはじめ、アルバム制作の現場やコンポーザーの取材記事、スタッフが耳コピーで書き起こした楽譜など、今となっては貴重な記事が多数掲載され、読者投稿企画としてアルバム化してほしいゲームのアンケートを実施していた歴史があったことは、永く後世に伝えておくべきであろう。

「ゲーム音楽バンド」の誕生――
コンポーザーが表舞台に立つ時代が到来

サイトロンで顕著だった、ゲーム音楽アルバムにアレンジ曲、あるいは生演奏曲の収録が定番化すると、やがてコンポーザー、つまりメーカーの開発スタッフたちが自らバンドを組み、ライブを開催するようになった。

各メーカーに対し、バンドの結成を働きかけたのは大野であった。当初はサイトロンとファンとの接点は『P．S．G．』などの会報や、アルバムに同梱していたアンケートハガキしかなかったので、ライブを開催することで「ファンの皆さんが、より身近にコンポーザーと接することができるようにしよう」との流れが自然発生的に出てきたという。

大野によると、最初にバンド名とロゴデザインを決めたのはコナミであった。「単に『○○社サウンドチーム』にするよりもカッコいいし、もっとアーティスティックに見せられるようにしたかった」との理由から、1987年3月発売のアルバム『コナミック・ゲーム・フリークス』に合わせて「コナミ矩形波倶楽部」が結成された。同アルバムのジャケットにはバンドのロゴがプリントされ、各収録曲にはコンポーザーの名前に加え「コナミ矩形波倶楽部」のクレジットも明記されている。

コナミとほぼ同じタイミングで、ほかのメーカーでもバンドが続々と誕生した。同年にタイトーが「ZUNTATA（ズンタタ）」を結成（※厳密にはバンドではなく、ゲーム音楽制作チームの名称として誕生。チーム自体は1983年から存在する）したのをはじめ、セガが「S.S.T. BAND」、カプコンは「アルフ・ライラ・ワ・ライラ」（※後に「アルフ・ライラ」に改名）、データイーストは「ゲーマデリック」、SNKは「新世界楽曲雑技団」と名乗りアルバム制作を行うようになった。

ZUNTATAの名前は「ズンタッタ」のリズムからもじったものである。S.S.T.BANDは「SEGA SOUND TEAM」と「SUPER SONIC TEAM」を掛けたもので、アルフ・ライラ・ワ・ライラは「千夜一夜」を意味するアラビア語に由来する。またアルフ・ライラ・ワ・ライラの初期メンバー4人はすべて女性、つまりゲーム音楽バンドでは唯一にして初の女性のみで構成されたバンドでもあった。

ただし、各社がバンドを結成したとはいえ、結成直後はどのメーカーでも客を集めたうえでのライブを実施しておらず、会社側もライブに必要な練習時間やスタジオ、楽器を常時提供していたわけでも、コンポーザーたちが自主興行を行ったわけでもない。その本質は、あくまで会社からの業務命令に沿って曲を作る会社員コンポーザーであった。

アルファレコード主導による、メーカー公認で開催された最古のゲーム音楽ライブは、1986年8月20〜22日にかけて晴海の東京国際貿易センターで開催された、ニッポン放送が主催したイベント「スーパーマルカツファミコンフェスティバル」である。「マルカツ」とは、当時の角川書店が発行していたファミコン専門誌『マルカツファミコン』のことである。

会場内の角川書店ブースには、アルファレコード用のステージが用意され、「G.M.O.バンド」名義で山口優、後藤浩明と女性キーボーディスト1人に加え、ゲームプレイヤー役の大堀を加えた4人が出演した。大堀が参加したのは、本ライブは大堀が生演奏に合わせてファミコン用シューティングゲーム『グラディウス』の『アルキメンデスバージョン』（※ソフトは大野の私物を使用）をプレイし、その映像をプロジェクターに流す「ファミコン連動ライブ」と銘打った企画だったからである。

「G.M.O.バンド」の活動は、本イベント1回のみであった。大野によると、イベント期間中にブースでアルバムを販売していたところ、タイトーの広報担当の社員が「ぜひ、ウチのゲームのアルバムも作ってください！」と直接訪ねて来たことで同社とのコネクションができ、以後も同社は積極的にアルバム化の話を持ち掛けるようになったという。

ゲームメーカー単独による、公式にバンド名を名乗ったうえでの最初のライブは、家庭用ゲーム機のメガドライブの販促を目的として、1989年2月にセガが開催した「メガドライブ スパークリングライブ1989」で、本イベントに合わせて結成されたS.

S.T.BANDが東京、大阪、名古屋の3か所でライブを行った。本バンドの結成当初は、セガの並木晃一、Hiro（川口博史）のほかに外部のアーティストも参加していた。

さらに同年3月にも、アーケードゲームのプレイ動画を収録したビデオの販促を目的に東京の池袋で開催された「サイトロンビデオコンサート」で、S.S.T.BANDがライブを披露している。なお、セガがS.S.T.BANDを名乗る前の87年12月には、同じく池袋で「SEGA SOUND TEAM」名義で「アフターバーナー・パニック」と題したライブを開催したこともある。以上のような経緯があったことから、セガでは結成当初からS.S.T.BANDが「世界初のゲームミュージックバンド」であると標榜していた。

そして1990年8月25日に、ゲーム音楽文化が世に根付いたことを証明する、ゲーム音楽の歴史に残る初の大規模なライブ「ゲームミュージックフェスティバル90」が、角川書店の主催により日本青年館で開催された。参加バンドはS.S.T.BANDとZUNTATAの2組、つまり普段は商売敵である両メーカーのバンドが、ここに初めて同じステージに立ち、ジョイントコンサートを行ったのである。

大野はライブ当日の朝まで「はたして、お客さんは何人来てくれるのか」と、ずっと不安を抱えていた。「確かにアルバムが売れて、ファンクラブもできてはいたが、実際に誰が買っているのかはよくわからなかったし、ファンの方々と対面するのは初めての経験だったので、とにかく不安でしかたがなかった。普段はゲームを黙々と遊んでいるような人たちが、ちゃんとノッてくれるのかなあと、幕が上がるまで半信半疑だった」という。

だが、大野の心配は杞憂に終わった。当日は約1000人もの観客が集まり、いざライブが始まるとファンたちが手拍子やシャウトを繰り返し、終始熱狂に包まれる大盛況のイベントとなった。「すごく盛り上がったので、これだけのムーブメントが起きているんだと実感できた。ライブをやって本当に良かったなあと、見ていてジーンときたし、我々も自信を持つことができたし、どんな人がアルバムを買っているのかを、実際に居合わせて実感できたことも大きかった」と大野は振り返る。

引き抜きなどを恐れ、各メーカーが開発者の顔と名前を原則公表せず、プレイヤーの社会的地位も低かった時代を経て、コンポーザーたちが会社公認で自分たちの作った曲を客の前で堂々と演奏する場が設けられたことは、まさに隔世の感がある。

なお、本ライブで両バンドが披露した音源は、後にアルバム『S.S.T.BAND LIVE!』、および『ZUNTATA LIVE -G.S.M TAITO-』として発売されたのに加え、『GAME MUSIC FESTIVAL '90: ZUNTATA VS. S.S.T. BAND』と題したVHSビデオとLD（レーザーディスク）もポニーキャニオンから発売された。アルバムだけでなく、映像コンテンツとして商品化されたことも特筆すべきであろう。

以後「ゲームミュージックフェスティバル」は、毎年夏の恒例イベントとして定着し、1995年までの間に合計7回開催された（※1993年のみ、「ジャパンゲームミュージックライブ1993」「ゲームミュージックライブ 電撃'93」という名称で2度開催された）。第2回の「GAME MUSIC FESTIVAL'91」は規模をさらに拡大し、S.S.T.BAND、矩形波倶楽部、アルフ・ライラ・ワ・ライラ、ゲーマデリック、J.D.K.BAND（※PC用ゲームの開発で有名な日本ファルコムが結成）の5組が参加し、中野サンプラザで2日間にわたり開催された。第3回の「ゲームミュージックフェスティバル'92」にはS.S.T.BAND、ZUNTATA、矩形波倶楽部、アルフ・ライラ、ゲーマデリック、J.D.K.BANDの6組が参加し、こちらも日本青年館にて2日間連続で開催された。

やがて、前述したように人気のメーカー、あるいはバンドがサイトロンの手から離れたこともあり、95年で「ゲームミュージックフェスティバル」の開催がストップしてしまったのは、同社から見れば痛手だったかもしれない。だが、サイトロンがバンドの結成を呼び掛けてライブの開催を実現させたことで、多くのファンにその存在を周知させ、ひいては各メーカーが自立してゲーム音楽ビジネスを展開するきっかけを作り上げた意義は大いにあったと言える。

ところで、ゲーム音楽バンドが続々と誕生し、90年から大規模な「ゲームミュージックフェスティバル」が開催される大きなムーブメントが起きた一方で、ゲーム音楽文化および市場を開拓した、当の立役者であるナムコが「ゲームミュージックフェスティバル」に参加しなかったのはなぜだろうか?

筆者の取材では、大野が「サイトロンから、ナムコにバンド結成の声掛けをした記憶がない」とのことだったが、真相は筆者が中潟から聞いた「当時、ナムコではビクターと先行して仕事をしていたので、大野さんも遠慮したのでは」との推測がおそらく当たっているように思われる。また川田は「ナムコには、昔から音楽でも何でもすごい趣味人がたくさんいたので、バンドを組もうと思えば組めるだけのメンバーがいたと思う。でも、みんな忙しかったのでバンドの結成には積極的ではなかったように思う」と証言している。「結成自体は大賛成だったので、もし自分がずっと会社に残っていたら、間違いなくバンド活動をやっていたと思う」と、やる気に満ちていた中潟も、やがて1989年でナムコを退職するなど、いろいろな理由が重なったことで「ナムコバンド」結成の実現には至らなかった。

実はナムコでは、1986年から小沢と中潟がラジオ番組『ラジオはアメリカン』の公開録音会場にシンセサイザーなどの機材を持ち込み、ゲーム音楽ライブを不定期に実施していた。このライブ企画は、中潟が「ゲーム音楽の生演奏を、ぜひファンの皆さんに聴いてもらいたい。ゲーム音楽の市民権を獲得したい」との思いから、ナムコとPRP両社の許可を得たうえで実現したもので、宮崎市の宮交シティと福岡市の都久志会館で中潟と小沢の2人が『ビデオゲームグラフィティ』の収録曲を演奏し、アルバムの即売会も実施された。1988年には、札幌そごうの屋上で「ラジアメ全国ふれ愛キャンペーン」の一環としてライブ演奏も行っている。当時から、ライブを利用したビジネスとファンサービスという点でも、ナムコは一歩も二歩も先んじていたように思われる。

ほかにもナムコでは、1987年からビクター協賛による「ラジアメナムコチャリティーX'mas パーティー」を都内で開催し、プログラムの一環としてクリスマスコンサートも一時期行っていた。第1回のコンサートは、整理券による抽選で当選した人だけが参加できる方式で、小沢や中潟など5人のコンポーザーと、『ビデオゲームグラフィティ』シリーズに収録されたボーカルアレンジ曲の歌手たちが出演した。

ナムコのコンポーザー陣は、全員がシンセサイザーやショルキーなどの鍵盤楽器で『サンダーセプター』や『妖怪道中記』などを演奏し、小沢は『トイポップ』の曲で『ラジオはアメリカン』のパーソナリティを務めていた斉藤洋美とのピアノ連弾も披露した。さらに本コンサートでは、当時は発売前だった『ベラボーマン』の曲をいち早く披露するプロモーションも行っており、音源は後にゲーム雑誌『Beep』1988年3月号付録のソノシートに収録された。

1988年には、東京の聖蹟桜ヶ丘でもライブが開催され、中潟らが出演して『源平討魔伝』の組曲やナムコ歴代タイトルのメドレーを披露した。『源平討魔伝』の組曲は、後日『ミュージックテープ　ラジアメスーパーライブ 組曲 源平討魔伝』という名前でPRP制作によるカセットテープが発売された。つまりナムコは、ゲーム音楽ライブの音源化ビジネスも、この時点ですでに実施していたのである。

2017年にゲーム専門誌『電撃PlayStation』が主催したライブ「電撃ゲームミュージックライブ　～初冬の陣～」では、慶野と小沢がピアノの連弾と弦楽四重奏を披露し、川田と中潟はバンドを結成して、それぞれが作曲した曲を演奏した。元号が平成を経て令和に変わった現在でも、ゲーム音楽好きのアーティストなどがライブを度々開催するのも、誕生から30年も40年も経過した今もなお、ナムコの曲のクオリティと人気が高い何よりの証拠であろう。

小尾は「デジタル化の波に飲まれる時代にあって、新しい技術を使って何か作ろうと、アセンブラとかマシン語とか、あんな難しいものでも使いこなせてしまうナムコの皆さんは、もう尊敬するばかり。ナムコの音楽がなければ、今日まで続くゲーム音楽市場は存在し得なかったでしょう」と、今なおナムコ関係者をリスペクトし続けている。大野も「大野木さんのような、黎明期では唯一とも言えるメロディメーカーがいたからこそ、後のゲーム音楽アルバムが発売される流れができたのだと思う。大野木さんは、アレンジャーというよりはメロディメーカーとしてものすごく長けている方で、ゲーム音楽の原点はブラスバンドと聞いていた。大野木さんのキャッチーなメロディがあり、我々の近くにいて下さったからこそ、後にアルバムとして商品化する流れが作れた」と振り返る。

1981年に発売された『ニューラリーX』に端を発する、本格的なBGMの誕生からおよそ10年弱で、ゲーム音楽アルバム市場の誕生に加え、ゲーム専門のコンポーザーたちが結成したバンドによるライブが興行として成り立つところまでゲーム音楽は発展を遂げた。ここにゲーム音楽文化、およびゲーム音楽市場のひとつの完成形が出来上がったのだ。

あとがき

「ゲーム音楽のルーツを知りたい」という、筆者の単なる個人的興味から思い付いた本書の企画。多くの方々のご協力のもと、持病である遅筆病との戦いにどうにかこうにか終止符を打ち、無事に出版に漕ぎ着けることができた。

紙幅などの都合により、今回紹介し切れなかった歴史に残る人物や出来事はまだまだ数多く存在するが、本書を通じてゲーム音楽の歴史を作ったレジェンドたちの活躍ぶり、作曲およびアルバム制作ノウハウの成立過程、加えてファン活動の一端も、少しでも多くの人に知っていただけたら幸いだ。

とりわけ、ゲームに音楽が「つきものではなかった」黎明期にあって、いち早くオリジナル曲の制作に着手したナムコの先進性は、改めてすごいとしか言いようがない。特に、70～80年代にかけて発売されたナムコのアーケードゲームは傑作ぞろいであり、ファンの間では「ナムコ黄金時代」などともしばしば称される。これほどまでにナムコ作品の評価が高いのは、BGMもジングルもSEも名曲ばかりであったことが一因だったと断言したい。

本編でも述べたように、ゲーム音楽の発展の歴史を語るうえでは、優秀なコンポーザーだけでなく、エンジニアたちの存在も欠かせない。CGの描画性能やプログラムの容量、CPUの処理速度などと同様に、ゲーム音楽もコンピューターのソフト・ハード両面の性能、およびその発達の過程とも密接に関わっていることは改めて強調しておきたいところだ。

本書で取り上げたアーケードゲームの大半は、今でも家庭用ソフトとして続々と移植、または配信されている一方で、ゲーム音楽アルバムは残念ながらその多くが、さまざまな理由で絶版または廃盤になっている。このままでは、特にゲームをプレイしても聴くことができないアレンジ曲は、歴史の彼方に消えてしまう恐れがある。せっかく歴代のコンポーザーたちが精魂込めて作った、あるいは演奏した数多の曲が世の中から忘れ去られてしまうのはあまりにももったいない。

本書の執筆にあたり、筆者も寄稿させていただいた『Ludo-Musica』のカタログを読み返したところ、バンダイナムコエンターテインメントの鈴木桃子氏が「ゲーム業界への恩返し」と題した寄稿に、以下のような文言を載せていたことに今更ながら気付いた。

「2020年度より自社に権利のある『ゲーム・ミュージック』の『権利化』（著作権管理者団体の曲とすること）並びに『運用』（現在音楽ビジネスの主流であるサブスクリプショ

ンモデルでの楽曲配信）する為の基盤作りを行う事となった」
ところが、同社がその基盤作りをしたところ、ファミコンやスーパーファミコン、メガドライブ用ソフトなどの古い作品の曲は……、
「CDリリース、ダウンロード販売を行っている以外の楽曲については、楽曲データの所在がわからない、メタデータも存在せず誰が作曲した楽曲か分からない、則ち自社が著作権者であるか分からないという、分からないだらけの大きな問題が存在する」（※同じく鈴木氏の寄稿より引用）

実機の動態保存だけでなく、オーラル・ヒストリーによる業界やプレイヤー文化の歴史の収集など、あらゆる角度からゲームのアーカイブ活動が進められるようになった昨今。ナムコ関連作品に限らず、すべてのゲーム音楽やアルバムが歴史の彼方に消えることがないよう、メーカーとレコード会社にはアルバムの復刻、あるいはダウンロード販売やサブスクでの配信など、何らかの形で恒久的に残る仕組みの構築を切にお願いしたい。

末筆にてたいへん恐縮だが、本書の執筆にあたり元ナムコ、およびサイトロン・アンド・アート関係者の皆様には、いくら感謝してもし切れないほどの多大なるご協力をいただいた。小心者ゆえ、取材中は業界のレジェンドを前に緊張しまくり、うまく質問の意味や意

図を話せないこともしばしばあったが、それでも懇切丁寧にお答えいただいたことには、ただただ平身低頭するばかりである。

田中″hally″治久氏からは、ビデオゲーム黎明期の状況のほか、回路や音源など技術面でも数々の貴重なアドバイスをいただいた。自称「ゲーム音楽大好きっ子」だが、音楽そのものは素人の筆者ゆえ、もし田中氏の協力が得られなければ本書が世に出ることはなかったと断言できる。アルファレコードとナムコの橋渡しをした、ゲーム音楽の歴史のキーパーソン、野々村文宏氏には、本書でも両社の関係者と筆者をつないでいただき、誠に感謝の念に堪えない。

そして、当初から原稿が遅々として進まないにもかかわらず、最後の最後まで辛抱強く見守り、励まして下さったele-kingの小林拓音氏にも、重ねて御礼を申し上げたい。「世界がこの本の誕生を待っています!」と、これ以上ないほどの熱い檄を飛ばしていただいた以上、ここで結果を出さなければ男がすたるというものだ(自身の生活も掛かっているのだから当然の話ではあるが……)。

筆者は少年時代、偉大な先達のお陰でゲームおよびゲーム音楽を通じて数え切れないほどの楽しい思い出を作らせていただいた。もし本書を通じて、少しでも皆様へのご恩返しや罪滅ぼしができたのであれば、著者としてこれほど嬉しいことはない。

（2023年7月某日：「ミュージック」フォルダ内に100枚超のゲーム音楽アルバムを取り込んだ愛機にて記す）

・「Diggin' in the Carts エピソード1: テレビゲームミュージックの到来」
https://www.redbull.com/jp-ja/diggin-in-the-carts-episode-1-2017-15-04
・『ドラゴンクエスト30thアニバーサリー すぎやまこういちワークス~勇者すぎやんLV85~』（スクウェア・エニックス／2016年）
・『ゲーム職人第1集 だから日本のゲームは面白い』（鴫原盛之／マイクロマガジン社／2007年）
・『P.S.G.』（G.M.O.アソシエイツ／1987年VOL.1ほか）
・『P.S.G.新聞』（G.M.O.アソシエイツ／1988年創刊準備号ほか）
・「高橋由紀夫氏インタビュー 後編」（ゲーム文化保存研究所／2021年）
https://igcc.jp/genpei-int03/
・『ゲーム音楽ディスクガイド』（Pヴァイン／2019年）

アルバム
・『ビデオ・ゲーム・ミュージック』（アルファレコード／1984年）
・『スーパーゼビウス』（アルファレコード／1984年）
・『スーパーゼビウス』（※復刻盤）（サイトロン／2001年）
・『ザ・リターン・オブ・ビデオ・ゲーム・ミュージック』（アルファレコード／1985年）
・『ファミコン・ミュージック』（アルファレコード／1986年）
・『セガ体感ゲーム・スペシャル』（アルファレコード／1987年）
・『タイトー・ゲーム・ミュージック』（アルファレコード／1987年）
・『究極タイガー -G.S.M. TAITO2-』（サイトロン／ポニーキャニオン／1988年）
・『ゲーム・サウンド・ニチブツ -G.S.M. Nichibutsu1-』（サイトロン／ポニーキャニオン／1988年）
・『未来忍者・慶雲機忍者外伝 G.S.M.NAMCO1』（サイトロン／ポニーキャニオン／1988年）
・『ビデオゲームグラフィティ』（ビクター／1986年）
・『ビデオゲームグラフィティVOL.2』（ビクター／1987年）
・『ナムコットゲームア・ラ・モード』（ビクター／1986年）
・『ナムコットゲームア・ラ・モードVOL.2』（ビクター／1988年）
・『ナムコ・ゲーム・ミュージックVOL.1』（ビクター／1987年）
・『ナムコ・ゲーム・ミュージックVOL.2』（ビクター／1987年）

・「Android/iOS「タッチ・ザ・マッピー　復活のニャームコ団」開発者インタビュー」（GAME Watch／2016年）
https://game.watch.impress.co.jp/docs/interview/1005472.html

・カタログ:「Ludo-Musica〜音楽から見るビデオゲーム〜」（文化庁／2021年）

・「Ludo-MusicaIII」（文化庁／2023年2月9日〜3月30日までの限定公開）
https://ludomusica.net/

・『そうだ、ゲーム・ミュージックを聴こう！』（マイクロマガジン社／2002年）

・バンダイナムコ知新「第8回　第1章 ナムコサウンドの足跡をたどる【後編】」
慶野由利子氏、小沢純子氏、中潟憲雄氏、大久保博氏インタビュー
https://funfare.bandainamcoent.co.jp/9566/

・『R:RACING EVOLUTION』：ナムコ・レースゲーム20年史
https://www.bandainamcoent.co.jp/cs/list/r/history/

・『ゲーメスト』（新声社／1986年9月号ほか）

・メディア芸術カレントコンテンツ「あそぶ！ゲーム展ステージ2」会場でトークイベント、「ゲームサウンドクリエイターの仕事」（文化庁／2017年2月24日）
https://mediag.bunka.go.jp/article/asobu_stage2-5467/

・『ザ・ナムコグラフィティ1 完全保存版！ NG総集編＆特別編集号』（ソフトバンクパブリッシング／1994年）

・『Beep』（日本ソフトバンク/1989年3月号ほか）

・ギャラクシアン基板設計秘話・石村繁一氏インタビュー（2／3）（OBS／2022年）
https://www.youtube.com/watch?v=kZ4BW7RM0g8

・「ゼビウス」「ディグダグ」の楽曲を手掛けた慶野由利子氏が語るナムコサウンド。トークイベント「The Art Of Video Game」をレポート（2020年2月27日）
https://www.4gamer.net/games/999/G999905/20200227101/

・中潟憲雄 × Quarta 330 × 田中“hally”治久が『Diggin In The Carts』から語り合う、ゲーム音楽とチップチューンのこれから（Mikiki／2017年）
https://mikiki.tokyo.jp/articles/-/16119

・『マルカツファミコン』（角川書店／1987年5月号ほか）

・黒川塾89　八十九「異端の肖像〜ユーミン、YMO、そして、ゲーム・ミュージックまで」（2023年2月24日開催）
https://peatix.com/event/3482922

・「ビデオ・ゲーム・ミュージックの父　小尾一介氏×大野善寛氏ダブルインタビュー　前編」
https://igcc.jp/%e3%82%b5%e3%82%a4%e3%83%88%e3%83%ad%e3%83%b31/

参考文献・サイト

・『アーケードTVゲームリスト 国内・海外編(1971—2005)』
(アミューズメント通信社/2006年)

・『伝説のアーケードゲームを支えた技術』(技術評論社/2020年)

・『The Ultimate History of Video Game』(Crown; Illustrated/2001年)

・赤木真澄『それは「ポン」から始まった』(アミューズメント通信社/2005年)

・『スペースインベーダーを創った男 西角友宏に聞く』
(フロラン・ゴルシュ/徳間書店/2018年)

・『TVゲームの歴史:タイトー編1(ポニーキャニオン/1990年)

・「タイトーサウンドかく発祥せり。『スペースインベーダー インヴィンシブルコレクション』
発売を記念し亀井道行氏&今村善雄氏にインタビュー」(4Gamer/2020年4月15日)
https://www.4gamer.net/games/464/G046469/20200324041/

・『アミューズメントライフ』創刊号(アミューズメントライフ/1983年)

・「【ゲーム音楽家インタビュー】ブラッド・フラー」
(hallyのホームページ)https://sites.google.com/site/hallyvorc/bradfuller

・『シューティングゲームサイド』VOL.8(マイクロマガジン社/2013年)

・「ナムコ黎明期の技術的背景・石村繁一氏インタビュー(1/3)」(OBS/2022年)
https://www.youtube.com/watch?v=LLM12Uzicoc

・『超発想集団ナムコ』(前野和久/PHP研究所/1984年)

・「『ギャラクシアン』→『ギャラガ』→『ギャプラス』展」(立命館大学/2019年)

・『オールアバウトナムコ』(電波新聞社/1985年)

・『オールアバウトナムコII』(電波新聞社/1988年)

・『そうだ、ゲーム・ミュージックのひとに訊こう! さんさつめ』(飴尾拓朗/2022年)

・「あそぶ!ゲーム展ステージ2」会場でトークイベント、
「ゲームサウンドクリエイターの仕事」を開催
(文化庁メディア芸術カレントコンテンツ/2017年)
https://mediag.bunka.go.jp/article/asobu_stage2-5467/

・「バンダイナムコ知新『第8回 第1章 ナムコサウンドの足跡をたどる【前編】』
慶野由利子氏、小沢純子氏、中潟憲雄氏、大久保博氏 インタビュー」
https://funfare.bandainamcoent.co.jp/9012/

・「バラデューク30周年トークイベント」(日本デジタルゲーム学会/2015年)
https://www.youtube.com/watch?v=0vitz2_XIQo

著者プロフィール

鴫原盛之

（しぎはら・もりひろ）

1993年に「月刊ゲーメスト」の攻略ライターとしてデビュー。その後、ゲームセンター店長やメーカー営業などの職を経て、2004年からゲームメディアを中心に活動するフリーライターとなり、近年では文化庁のメディア芸術連携促進事業 連携共同事業などに参加し、ゲーム産業史のオーラル・ヒストリーの収集・記録も手掛ける。主な著書は『ファミダス　ファミコン裏技編』『ゲーム職人　第1集』（共にマイクロマガジン社）、共著では『デジタルゲームの教科書』（SBクリエイティブ）『ビジネスを変える「ゲームニクス」』（日経BP）などがある。2014年より日本デジタルゲーム学会ゲームメディアSIG代表を務める。

ナムコはいかにして世界を変えたのか
——ゲーム音楽の誕生

2023年9月12日　初版印刷
2023年9月12日　初版発行

著者　鴨原盛之

装丁　長井雅子（in C）、小嶋香織（oflo）
編集　小林拓音（ele-king）
協力　田中 “hally” 治久／松島広人

発行者　水谷聡男
発行所　株式会社Pヴァイン
〒150-0031
東京都渋谷区桜丘町21-2 池田ビル2F
編集部：**TEL** 03-5784-1256
営業部（レコード店）：
TEL 03-5784-1250
FAX 03-5784-1251
http://p-vine.jp

発売元　日販アイ・ピー・エス株式会社
〒113-0034
東京都文京区湯島1-3-4
TEL 03-5802-1859
FAX 03-5802-1891

印刷・製本　シナノ印刷株式会社

ISBN　978-4-910511-55-9